AF458297

DU SALAIRE

Brux. — Typ. de A. LACROIX, VERBOECKHOVEN et Cie, rue Royale, 3, Impasse du Parc

DU

SALAIRE

EXPOSÉ

DES LOIS ÉCONOMIQUES QUI RÉGISSENT LA RÉMUNÉRATION DU TRAVAIL ET DES CAUSES QUI MODIFIENT L'ACTION DE CES LOIS

PAR

CH. LE HARDY DE BEAULIEU
Professeur honoraire à l'école des mines du Hainaut

DEUXIÈME ÉDITION

REVUE ET AUGMENTÉE

BRUXELLES & LEIPZIG
A. LACROIX, VERBOECKHOVEN ET Cie, ÉDITEURS
RUE ROYALE, 3, IMPASSE DU PARC

PARIS
GUILLAUMIN ET Cie, ÉDITEURS
RUE RICHELIEU, 14

1862

PRÉFACE DE LA DEUXIÈME ÉDITION

La première idée de ce travail a été suggérée à l'auteur par les déclamations de certains socialistes contre l'organisation actuelle de la société, divisée, selon eux, en deux classes antagoniques, les propriétaires et les prolétaires, dont la première tend sans cesse à croître en puissance et en richesse, aux dépens de la seconde, condamnée à l'abjection, à la servitude et à la misère jusqu'à ce qu'une grande révolution sociale, opérée par la violence soit venue lui restituer ses droits en abolissant la propriété individuelle. Montrer à la classe ouvrière tout ce qu'un tel système a de faux et de dangereux, lui indiquer les moyens d'améliorer sa condition par ses propres efforts et par l'effet lent mais assuré d'une meilleure éducation morale et intellectuelle, parut à l'auteur un sérieux service à rendre à la société et, en particulier, à la classe ouvrière et, sans mesurer si ses forces y suffiraient, il voulut entreprendre cette tâche.

Il crut pouvoir émettre ses idées tendant à démontrer l'harmonie d'intérêts qui existe entre la classe des propriétaires ou capitalistes et celle des prolétaires ou travailleurs, dans une courte série d'articles de revue; mais à peine les premiers chapitres en étaient-ils ébauchés, que ce travail lui fut rendu, d'abord difficile, puis presque impossible, par l'affaiblissement graduel de sa vue suivi d'une cécité complète.

Le trouble apporté dans les idées de l'auteur par un événement aussi grave et aussi inattendu, le mauvais état de sa santé et la nécessité de suivre un traitement médical rigoureux, ne lui permirent pas d'apporter le soin convenable à l'achèvement de son œuvre. A ce qu'il avait écrit lui-même, il ajouta, non sans peine, quelques chapitres dictés et une conclusion qui résume sa pensée.

La *Revue trimestrielle* a publié ce travail dans les tomes XIX, XXII et XXIII (juillet 1858 à juillet 1859). Ces trois articles furent tirés à part et réunis en un petit volume gr. in-16 de 84 pages, distribué aux amis de l'auteur et dont un petit nombre d'exemplaires seulement, fut mis dans le commerce.

Aujourd'hui l'auteur ayant recouvré la sérénité d'esprit nécessaire à un travail sérieux et ayant trouvé le moyen d'écrire lui-même sans le concours de la vue, il a cherché à compléter l'œuvre de 1858-1859, les préjugés antisociaux de cette époque n'ayant pas été sensiblement modifiés depuis, et le même esprit d'antagonisme existant toujours entre patrons et ouvriers.

L'auteur ne se dissimule pas tout ce que son livre présente encore de défectueux et d'incomplet, mais, tel qu'il est, il l'offre au public, dans l'espoir que ce petit ouvrage contribuera à faire comprendre la solidarité d'intérêts qui lie les patrons aux ouvriers et la possibilité qu'il y a pour ceux-ci d'améliorer leur condition par leurs propres efforts.

Mons, 10 octobre 1861.

Les chapitres et les paragraphes marqués d'un astérisque sont ceux qui ont été ajoutés au texte de la première édition.

DU SALAIRE

INTRODUCTION

Pourquoi écrire encore sur le Salaire, quand cette question a été traitée dans tous les ouvrages d'économie politique, depuis Adam Smith jusqu'aux derniers manuels publiés depuis peu?

C'est parce que, à notre avis, la plupart des auteurs ont envisagé cette importante question d'une manière assez superficielle, tandis que nous désirons l'approfondir et rattacher à la théorie pure une série d'applications, ou plutôt parce que nous voulons essayer de montrer de quelle manière les circonstances peuvent modifier cette théorie abstraite.

Dans plusieurs traités d'économie politique, le travailleur est considéré uniquement comme producteur, tandis que son rôle comme consommateur dans la société est entièrement négligé; or, suivant nous, il est nécessaire, si l'on veut avoir une vue complète et exacte de la théorie du Salaire, d'étudier l'ouvrier sous son double aspect de producteur et de consommateur.

Enfin, l'on n'est trop souvent porté à ne voir dans le travailleur qu'une forme spéciale de réceptacle de la force motrice, peu ou point susceptible de joindre à ses efforts musculaires un effort intellectuel ou moral; on le regarde presque toujours comme fournissant, en toute circonstance, une quantité à peu près constante de labeur purement matériel, sans examiner si le travail intellectuel ou moral qu'il est susceptible de produire n'a pas une valeur infiniment plus élevée, et ne mérite pas, par conséquent une plus forte rémunération.

Certains auteurs nous montrent aussi l'intérêt du salarié comme étant en opposition constante et nécessaire avec l'intérêt du capitaliste et de l'entrepreneur d'industrie; nous voulons nous attacher à démontrer, au contraire, que l'intérêt du travailleur et celui du capitaliste ou du patron sont entre eux en parfaite harmonie. Si nous réussissons dans cet essai, nous aurons contribué, dans la mesure de nos faibles moyens, à combler la lacune laissée par Bastiat dans ses *Harmonies économiques*, que la mort ne lui a pas permis d'achever. Si nous n'y réussissons pas, au moins en signalant cette lacune, et en montrant la voie à suivre pour la remplir, nous aurons rendu un service à la science et préparé une démonstration qui pourra être complétée par un esprit mieux doué.

* Notre but principal en écrivant ces pages est de prémunir la classe ouvrière contre le danger des prédications socialistes, qu'elle n'est que trop disposée à écouter et à admettre pour vraies, quand elles

lui représentent la misère et le paupérisme comme étant la conséquence fatale de l'organisation sociale actuelle, qui divise les hommes en deux classes, ou plutôt en deux castes, les propriétaires et les prolétaires, les premiers possédant le sol et le capital à la perpétuelle exclusion des derniers, condamnés, sans rémission à un travail de plus en plus pénible et de moins en moins rémunéré. Selon ces mêmes socialistes, l'unique remède à tant d'injustice et à tant de maux, consisterait dans une révolution opérée par la violence qui rendrait collective la propriété du sol et du capital, et dont la conséquence immédiate serait le bien-être universel obtenu désormais sans effort et sans peine.

Nous voulons démontrer, au contraire, aux ouvriers, que la meilleure organisation sociale est celle qui garantit le mieux à tous la liberté du travail, la libre jouissance et la libre disposition des produits de ce travail, ou en deux mots, la LIBERTÉ et la PROPRIÉTÉ. Nous désirons les convaincre que l'organisation sociale actuelle est fondée, en principe, sur ces deux droits, et que si, en réalité, ceux-ci ne sont pas encore respectés comme ils devraient l'être, cela tient, non à l'imperfection native de notre organisme social, mais à l'ignorance et aux mauvaises passions des hommes, qui ne savent pas toujours bien discerner le juste de l'injuste ou qui, le sachant, n'ont pas toujours la force morale nécessaire pour respecter l'un et repousser l'autre.

C'est de là et de nulle autre cause, que naissent la misère et les autres maux qui affligent la société; le remède à ces maux ne consiste donc pas en une révolution violente, qui ne rendrait les hommes ni plus sensés ni meilleurs, mais dans les lents quoique irrésistibles progrès de l'intelligence et de la moralité, sous un régime de paix et de concorde.

Le problème de la misère et du paupérisme ne peut être résolu par l'abolition de la propriété, qui rendrait seulement ces maux universels et irrémédiables. Ce problème sera résolu le jour où tout homme jouira sans contestation des produits de son travail matériel, intellectuel ou moral. Pour démontrer complétement cette belle et utile vérité, nous savons qu'il faudrait un talent bien supérieur au nôtre, afin de la débarrasser complétement des erreurs et des préjugés qui l'obscurcissent encore; il faudrait, non une centaine de pages, mais de nombreux et gros volumes; cependant si cet écrit contribue pour une si faible part que ce soit à amener ce résultat, nous nous croirons bien récompensé de la peine qu'il nous a coûté! *

CHAPITRE I

THÉORIE GÉNÉRALE DU SALAIRE

LE TRAVAIL A UN PRIX COURANT QUI EST DÉTERMINÉ, COMME CELUI DE TOUTE MARCHANDISE, PAR LE RAPPORT DE L'OFFRE A LA DEMANDE, ET QUE LA CONCURRENCE TEND A ÉGALER AU TAUX DES FRAIS DE PRODUCTION.

Le travail de l'ouvrier est chose susceptible d'être vendue et achetée; on peut, sous ce rapport, l'assimiler à toute autre marchandise.

Le prix d'une marchandise n'est pas fixe, il varie suivant les circonstances; il est d'autant plus élevé que, celle-ci étant peu abondante, il se présente plus d'acheteurs pour la demander, d'autant plus bas que la quantité offerte en vente dépasse la quantité demandée par les acquéreurs.

De même le salaire tend à baisser quand beaucoup d'ouvriers recherchent du travail et que peu d'entrepreneurs peuvent en offrir, ou mieux, quand le capital, source d'où émane le salaire, est peu abondant. La rémunération de l'ouvrier s'élève quand le capital abonde en même temps que les travailleurs sont rares.

Mais, de même que le prix de toute marchandise, le taux des salaires a de fréquentes variations. Que l'on suppose un marché bien approvisionné de blé, mais où se présentent peu d'acheteurs; les céréales y baisseront de prix. Au marché suivant, les vendeurs découragés par le peu de profit qu'ils ont fait ou par la perte qu'ils ont éprouvée, ne se présentent plus qu'en petit nombre; les acheteurs, au contraire, stimulés par l'appât du bon marché, viennent en grand nombre, et la concurrence qu'ils se font a pour effet de produire la hausse du prix.

Au marché suivant, les circonstances se présenteront dans un ordre inverse, et ces oscillations dureront jusqu'à ce que les producteurs soient parvenus à ne créer et n'offrir en vente que la quantité de denrées que les acheteurs pourront acquérir et payer au prix auquel elles sont offertes.

Alors le prix s'égalera aux frais de production de la denrée, en comprenant nécessairement dans ceux-ci le bénéfice du producteur, suffisant pour assurer son existence, pour lui permettre les dépenses que font, d'habitude, les personnes de sa classe et un profit net au moyen duquel il pourra tenir sa condition au niveau des progrès de la société.

Si le prix des denrées s'écarte, en plus, de ces frais, le surcroît de bénéfice qui en résulte pour le producteur l'excite à produire davantage et lui suscite aussi des concurrents : d'où augmentation de l'offre et baisse subséquente du prix.

Si cet écart se produit en moins, le producteur,

qui perd, cesse de s'occuper de son état, ou s'accommode de manière à porter moins de denrées au marché, et, la concurrence cessant, le prix se relève.

La hausse ou la baisse du prix par rapport aux frais de production, ou plutôt par rapport aux moyens d'acquisition des consommateurs, produisent une réaction en sens inverse de celle que nous venons d'examiner; la hausse diminue la concurrence des acheteurs et cette diminution amène la baisse, et réciproquement.

La même chose a lieu pour le salaire de l'ouvrier : ce salaire tend, par l'action naturelle de la concurrence, à s'égaler aux frais de production du travail. S'il s'élève au delà de cette limite, d'autres travailleurs ne tardent pas à se présenter pour participer aux avantages d'une haute paye; si le salaire s'abaisse au dessous, l'émigration ou la mort éclaircissent les rangs des ouvriers et, la concurrence cessant, le salaire se relève.

* Il est important de remarquer que la hausse ou la baisse des salaires n'a pas lieu dans le rapport exact de la diminution ou de l'accroissement de l'offre du travail, de telle sorte, par exemple, que le salaire s'élève au double lorsque l'offre du travail diminue de moitié, et réciproquement. L'expérience apprend qu'il suffit que le nombre des ouvriers soit très peu inférieur à celui dont le travail est demandé, pour que le salaire s'élève de beaucoup, et qu'un petit nombre d'ouvriers offrant leur travail en sus de celui qui est demandé, suffit pour faire baisser le taux des salaires dans une proportion considérable.

La démonstration théorique de ce fait serait trop longue pour trouver convenablement sa place ici ; nous renvoyons donc aux traités spéciaux d'Économie politique, ceux de nos lecteurs qui désireraient étudier à fond cette importante théorie.

Il en résulte cette loi, constatée par tous les économistes, que LE SALAIRE DE L'OUVRIER NE PEUT, D'UNE MANIÈRE PERMANENTE, S'ÉLEVER AU DESSUS NI DESCENDRE AU DESSOUS DES FRAIS DE PRODUCTION DE SON TRAVAIL, c'est à dire DE CE QU'IL LUI FAUT POUR VIVRE ET POUR ÉLEVER SA FAMILLE.

C'est, en effet, en cela que consistent les frais de production du travail d'un simple ouvrier qui n'exécute qu'un labeur peu compliqué, n'exigeant aucune préparation, tel que celui de porter ou de traîner des fardeaux, de remuer de la terre, de tourner une manivelle, etc.

Quelques personnes, qui saisissent volontiers chaque occasion d'accuser l'organisation sociale actuelle de tous les maux, vrais ou supposés, qui affligent l'humanité, ont interprété cette loi économique en ce sens que l'ouvrier ne peut jamais, et quoi que l'on fasse pour améliorer son sort, gagner au delà du strict nécessaire pour ne pas mourir de faim, et qu'il est par conséquent fatalement condamné à la plus profonde misère, sans qu'il y ait d'autre remède à celle-ci qu'une réorganisation de la société, suivant d'autres principes que celui de la propriété individuelle, dont l'unique effet, prétendent-elles, est de rendre le riche toujours plus riche et le pauvre toujours plus pauvre.

Nous nous bornerons, pour le moment, à faire remarquer que les faits ne sont pas entièrement d'accord avec cette désolante théorie; à moins que l'on ne prenne l'accroissement du paupérisme officiel, tel qu'il est signalé par la statistique, pour une preuve d'un accroissement correspondant de la misère, tandis qu'il n'indique, suivant nous, qu'un affaiblissement du sentiment de la dignité personnelle, provoqué, parmi les classes laborieuses, par l'imprévoyance et l'irréflexion avec laquelle se prodigue la charité publique et privée, qui porte de plus en plus l'ouvrier à avoir recours à l'aide d'autrui, plutôt qu'à ses propres efforts, pour sa subsistance.

Nous entendons par ces mots : le nécessaire pour que l'ouvrier puisse vivre et élever sa famille, — ce qui se consomme habituellement, dans ce dessein, par les personnes de la classe, de l'époque et du lieu dans lesquels vit l'ouvrier, et ce *nécessaire* est loin d'être une quantité fixe, comme se le figurent à tort la plupart des faiseurs de systèmes sociaux artificiels.

Pour s'en convaincre, il suffit de comparer le nécessaire d'un ouvrier américain ou anglais avec celui d'un de nos travailleurs flamands; celui d'un ouvrier européen avec celui d'un péon de l'Inde ou d'un agriculteur chinois, — ou de se reporter en arrière de quelques siècles et de mettre en parallèle la nourriture, le logement, le vêtement d'un ouvrier de nos jours, même parmi les moins favorisés, avec celui d'un serf du moyen âge, nourri à peine d'aliments grossiers et souvent malsains, vêtu d'un sayon de laine malpropre et rarement renouvelé, couchant sur un peu de paille, dans une hutte sans autres ouvertures que la porte et la cheminée. Et cependant, le sort de ce serf était bien préférable à celui de l'esclave des Romains, enfermé dans un ergastule avec des centaines de ses semblables, et voué à une souffrance perpétuelle que ne consolaient ni les joies de la famille ni les affections de l'amitié.

Le nécessaire de ces tristes époques ne suffirait plus à empêcher de mourir de misère les ouvriers de notre siècle, habitués à une dose comparativement bien plus forte d'aisance et de bien-être.

Il est très loin de notre pensée de vouloir inférer de ce qui précède que le sort actuel de nos ouvriers ne laisse rien à désirer; nous voulons seulement faire remarquer qu'il y a eu amélioration progressive de ce sort et que des progrès nouveaux peuvent s'accomplir sans qu'il soit nécessaire pour cela de bouleverser l'ordre social ni d'abolir la propriété individuelle.

Le salaire de l'ouvrier qui connaît un métier après en avoir fait un apprentissage plus ou moins long et difficile, doit être plus élevé que celui de l'homme de peine ou manouvrier, car ce qu'il lui faut pour vivre et pour entretenir sa famille se compose d'une plus grande somme de valeurs.

En effet, il vit déjà dans un milieu social plus élevé, ses besoins sont donc plus étendus, et, quoique dans une bien faible mesure encore, plus délicats et partant plus coûteux à satisfaire. En outre, son apprentissage a coûté, de la part de ses parents, des sacrifices pécuniaires, et, de sa part, un travail qui n'a pas reçu de rémunération immédiate, mais qui s'est accumulé pour former en lui un capital qui cessera d'exister avec sa vie ou plutôt avec sa capacité de travailler. Ce capital, grossi des chances de non réussite dans son apprentissage, doit lui rapporter un intérêt et un amortissement, car il doit le transmettre à ses enfants, autrement le nombre des ouvriers capables d'exercer ce métier diminuerait jusqu'à ce que les salaires fussent revenus à un taux suffisant pour payer les frais de l'apprentissage des enfants.

Si l'ouvrier possède lui-même ses outils, s'il fait habituellement l'avance de son travail et de quelques matières premières, il doit gagner, en sus du salaire ordinaire, l'intérêt et l'entretien du capital représenté par ces outils et ces avances.

Enfin, s'il n'a pas une source de revenu en dehors de son travail, ou s'il ne veut pas compter sur l'assistance publique dans le cas où ses ressources ordinaires lui manquent, il faut qu'il trouve dans son salaire de quoi épargner pour parer aux chances de chômages, de maladies, d'incapacité de travail par suite d'infirmités ou de vieillesse, etc., et même quelque surcroît, qui, si aucun événement fâcheux ne vient à la traverse, lui permette d'améliorer sa condition en se donnant une certaine aisance.

Voici donc, en résumé, les éléments dont se compose le salaire de l'ouvrier proprement dit :

1° Du nécessaire pour le maintien de son existence et de celle de sa famille, conformément aux habitudes des gens de sa profession dans le temps et dans le lieu où il vit;

2° De la compensation des risques qu'il court, à savoir : de chômage, de maladies et d'accidents, d'incapacité de travail par suite d'infirmités ou de vieillesse, la mort prématurée qui laisserait sa famille sans ressources, etc.;

3° L'entretien du capital représenté par les outils de sa profession et l'intérêt des avances qu'il est obligé de faire;

4° L'amortissement du capital consacré à son éducation et à son apprentissage, capital dont il doit la restitution au moins intégrale à ses enfants, sous la même forme;

5° Enfin, en un profit net de son travail, en sus de ce qui suffit à son simple entretien, afin que l'ouvrier puisse participer au progrès qui s'accomplit dans la société par l'accroissement de son aisance et de ses ressources.

Certains auteurs ont admis que l'entretien de la femme de l'ouvrier ne doit pas être compté dans les dépenses nécessaires; nous expliquerons dans le chapitre IV pourquoi nous ne partageons pas cette opinion. *

CHAPITRE II

DES CONDITIONS A RÉUNIR POUR OBTENIR LE TRAVAIL DE L'OUVRIER A BAS PRIX

*Ces conditions, disent ou plutôt pensent certains patrons (car ils n'oseraient le dire ouvertement), sont de faire travailler l'ouvrier pendant le plus grand nombre d'heures possible, de bien le surveiller afin qu'il ne se relâche pas, et de le payer peu, d'abord par économie, et ensuite, parce que l'ouvrier est d'autant plus docile qu'il sent mieux la nécessité de travailler, qu'il est moins payé.

Nous croyons, nous, que si ces patrons y réfléchissaient bien, ils arriveraient à des conclusions fort opposées et que, cette fois, ils n'hésiteraient pas à proclamer hautement.

En effet, les conditions essentielles pour que l'ouvrier produise dans sa journée, et de la manière la plus économique le maximum de travail et le meilleur travail, sont : la santé, la force et le contentement. La santé de l'ouvrier exige principalement qu'il ne soit pas accablé par un travail long, pénible, soutenu, et sans que les intervalles soient suffisants pour réparer ses forces.

Dans notre climat, le travail en plein air est le plus sain, surtout si l'ouvrier peut se garantir de la pluie ou du soleil par un abri en toile, en paille ou en branchage. Dans les ateliers, il importe que l'espace soit proportionné au nombre des ouvriers, que la ventilation y soit facile, que la température n'y soit pas trop élevée, si le travail est actif, ni trop basse, s'il est sédentaire; qu'il n'y règne ni humidité, ni fortes odeurs, enfin que l'atelier reçoive le plus de lumière solaire que possible; cette condition hygiénique, trop souvent négligée, a, sur la santé des enfants surtout, une très grande influence. Dans un air impur, malsain et trop chaud, les fonctions respiratoires et digestives absorbent une grande partie des forces de l'homme, il lui en reste donc une moindre quantité, disponible pour le travail.

Cette vérité est devenue surtout évidente dans les mines, où l'effet utile du travail de l'homme est visiblement accru par une bonne ventilation. Il résulte donc de là que la bonne disposition hygiénique des ateliers est commandée aux patrons, autant par leur propre intérêt que par l'humanité.

Les conditions hygiéniques indiquées ci-dessus, dépendent presque exclusivement du maître; celles qui résultent des aliments et des boissons dépendent plus directement de l'ouvrier, quoique, dans la plupart des cas, l'exiguïté de son salaire comparée à l'élévation du prix des subsistances, lui laisse peu de choix à cet égard. La nourriture doit être d'autant plus abondante que le travail est plus fatigant et a lieu dans une atmosphère plus pure et plus froide. Un travail moins pénible, un air plus stagnant et plus chaud rendent moins exigeant sur la quantité de la nourriture, mais celle-ci doit dans ce cas, gagner en qualité ce qu'elle perd en volume ou en poids, car pour que le travailleur demeure maître de ses facultés, il ne faut point que sa digestion soit pénible ou troublée. De trop nombreux exemples prouvent la mauvaise influence que le trouble des fonctions digestives exerce sur l'état de nos facultés mentales en particulier.

Il est utile aussi de déconseiller aux ouvriers l'usage d'une nourriture trop uniforme, surtout quand celle-ci ne consiste pas en pain de froment. La variété dans l'alimentation, sans être poussée bien loin, exerce une influence favorable sur la santé et prévient les indispositions qui résultent fréquemment d'un changement forcé du régime alimentaire.

Il y a beaucoup plus à dire sous le rapport hygiénique, des boissons que des aliments, car pour les premières, il faut considérer, non seulement l'usage que l'on en fait, mais aussi l'abus que l'on est trop souvent disposé à en faire. Il est singulier que l'expérience n'ait pas éclairé plus de personnes à cet égard, et que l'on trouve encore si profondément enraciné dans les masses, éclairées ou non, ce préjugé qui consiste à croire que les boissons toniques en général, et les liqueurs alcooliques en particulier, sont fortifiantes, parce que l'on prend pour de la force, la surexcitation qu'elles causent pendant quelques instants, sans s'apercevoir jamais que cette excitation est immédiatement suivie d'une prostration équivalente et même supérieure, qui, dans la plupart des cas, force à faire un nouvel usage de l'excitant, en le prenant chaque fois, à une dose plus élevée; ce qui perpétue l'abus et le fait dégénérer en une pernicieuse et souvent irremédiable habitude.

Le préjugé que les boissons excitantes donnent de la force est soigneusement entretenu et propagé par les producteurs et les débitants de ces boissons, qui exploitent habilement son apparente vérité; quoique sachant bien qu'entre l'usage et l'abus il n'y a qu'un intervalle imperceptible et que l'on franchit sans s'en apercevoir, puisqu'au point de vue moral comme au point de vue physique, ces boissons engendrent la soif au lieu de l'apaiser.

L'ouvrier qui veut noyer dans l'ivresse ses chagrins présents ou son souci de l'avenir, réussit sans peine à s'étourdir pendant quelques heures, mais après, sa disposition à se chagriner est augmentée par l'état de prostration où l'a laissé son ivresse de la veille, par les reproches de sa conscience et parce que sa situation s'est empirée du temps perdu et de l'argent dépensé au cabaret. Il lui faudrait donc une énergie surhumaine pour résister à une nouvelle tentation du remède prétendu, dont l'effet certain va toujours croissant.

L'auteur, l'artiste, le poëte, trouvent leurs inspirations dans le thé, le café, l'alcool, l'opium ou le hatchich; mais s'ils s'abandonnent à cette facilité factice, bientôt leur imagination fatiguée ne leur vient plus en aide naturellement, et de nouvelles doses d'excitants, de plus en plus fréquentes et fortes, sont nécessaires pour la réveiller, jusqu'à ce que rien ne puisse plus la tirer de sa somnolence qui engendre l'imbécillité ou la mort.

Les remèdes à l'habitude d'abuser des excitants sont difficiles à trouver et à appliquer, il en est peu d'efficaces hors de la volonté énergique du malade de se soustraire à sa funeste habitude. Mais il est des remèdes préventifs, parmi lesquels nous croyons devoir citer l'usage habituel et modéré des boissons faiblement alcooliques, principalement pendant les repas.

En effet, on remarque une moindre tendance aux excès de boisson quand on peut consommer habituellement du vin ou de la bière chez soi que lorsque l'on doit se priver de cette jouissance, et que le désir en est plus excité par cette privation même.

On peut encore faire cette observation, que les ivrognes sont rares dans les pays vinicoles où chaque habitant a une pièce de vin dans sa cave, tandis qu'ils sont plus fréquents là où ce liquide étant plus cher, on ne le consomme qu'à la taverne. Les impôts excessifs, frappés sur les boissons alcooliques qui peuvent être l'objet d'une consommation habituelle et ménagère, ne sont donc pas justifiés par un but de philanthropie et de moralité. Triste moyen de moralisation, d'ailleurs, que celui de mettre le vice hors de portée de la bourse de celui qui voudrait s'y livrer. Un tel moyen ne devrait être tenté que quand tous les autres, plus conformes à la dignité humaine seraient demeurés impuissants.

Le petit verre de liqueur alcoolique pris le matin à jeun, la forte dose de cette liqueur bue par les grands froids « pour se réchauffer, » de grandes razades d'eau froide, avalées pendant l'été « pour se rafraîchir, » l'infusion alcoolique de plantes amères que l'on boit avant le repas « pour se donner de l'appétit» sont autant d'usages antihygiéniques contre lesquels on ne saurait trop se prémunir, car il n'en est aucun qui ne soit très nuisible à la santé et tous produisent, soit immédiatement, soit par la suite, des effets diamétralement opposés à ceux que l'on en attend.

Les ouvrières devraient proscrire aussi l'usage immodéré du café; dont le moindre inconvénient est d'affaiblir les organes de la digestion par la grande quantité d'eau chaude ou tiède que l'on y introduit, sans compter l'influence propre du café sur des personnes livrées à un travail sédentaire dans un air peu renouvelé.

Plusieurs médecins expérimentés attribuent en grande partie à cet abus du café la fréquence des maladies de poitrine chez les jeunes ouvrières de Paris.

Aucune mesure isolée, préventive ou répressive, imposée ou volontaire, ne peut constituer un remède efficace contre l'abus des boissons fortes; ni les impôts excessifs frappant la consommation de ces boissons, ni les restrictions légales apportées à leur débit, ni les pénalités plus ou moins fortes comminées contre les ivrognes; les sociétés de tempérance elles-mêmes établies dans les pays où l'usage modéré des boissons fortes est le plus salutaire, pèchent par l'excès de leur rigorisme, et, n'enrôlent, le plus souvent, que des fanatiques et des hypocrites...

L'habitude d'abuser de ces boissons, si enracinée chez certains peuples, disparaîtra peu à peu par le seul effet des progrès de l'éducation; il n'y a pas bien longtemps encore que l'ivrognerie n'était pas seulement un vice propre à la classe ouvrière, mais qu'il était aussi pratiqué, quoique à huis clos seulement, par les classes élevées de certaines parties de notre pays. Aujourd'hui cet usage barbare et immoral a presqu'entièrement disparu de ces classes; pourquoi les progrès de l'éducation ne le feraient-ils pas disparaître aussi chez la classe ouvrière, surtout si comme nous le verrons au chapitre IV une tenue plus confortable du ménage de l'ouvrier et plus d'amabilité chez sa femme et ses enfants rendaient sa présence au cabaret et, par conséquent, les libations qu'il y pratique moins excusables?

D'autres habitudes que celles relatives au travail, aux aliments et aux boissons, peuvent agir sur la santé des ouvriers d'une manière très préjudiciable, lorsqu'elles sont mauvaises. Ainsi, le logement dans des habitations basses, étroites, sombres, humides, malpropres et mal aérées est une cause énergique de détérioration des santés les plus robustes et de dégénérescence des races les mieux douées. Les maladies engendrées par un tel état de choses sont pour la plupart incurables ou difficiles à guérir et le premier de tous les remèdes à leur opposer est l'habitation dans des lieux plus sains.

En été surtout, les ouvriers engendrent fréquemment en eux des germes de rhumatisme, de paralysie et d'autres infirmités, en se couchant pour faire la sieste, sur des dalles de pierre froide ou sur la terre ou le gazon frais et humide ou bien encore en ne prenant aucune précaution pour se protéger contre l'ardeur des rayons solaires pendant leur sommeil, ou contre un rapide refroidissement lorsqu'ils se sont fortement échauffés par la marche ou par le travail.

Cependant, si les maladies et les infirmités sont les principales sources de chagrin pour les riches qui peuvent se faire soigner par les meilleurs médecins, qui sont entourés des soins affectueux de leurs familles et pour qui un chômage de quelques semaines n'est pas une cause de ruine, n'en est-il pas ainsi à plus forte raison, pour l'ouvrier dont la maladie s'aggrave le plus souvent faute de soins intelligents et affectueux et par les inquiétudes que lui cause l'inévitable misère, pour lui et pour sa famille, qui est la conséquence d'un chômage prolongé et des frais qu'occasionnent son état?

A peu d'exceptions près, les maladies qui affectent la population ouvrière, d'une profession et d'une localité données, sont peu nombreuses et peu variées, car elles sont presque toutes dues à des causes identiques.

Il ne doit donc pas être difficile de les prévenir ou de les atténuer, au moins en grande partie, par quelques sages conseils hygiéniques donnés aux groupes d'ouvriers qui se trouvent dans des circonstances analogues et surtout à leurs femmes. Les patrons ou les entrepreneurs d'industrie, qui sont intéressés à ce que leurs ouvriers jouissent d'une bonne santé, devraient, autant dans leur propre intérêt que par sollicitude pour les ouvriers, mettre tous leurs soins à ce que ceux-ci reçussent fréquemment et à dose suffisante, les exhortations hygiéniques qui leur seraient utiles, car ils sont en définitive, au moins moralement leurs associés.

On ne manquera pas de nous objecter que le salaire actuel de l'ouvrier est loin d'être suffisant pour lui permettre d'observer nos recommandations hygiéniques; mais nous répondrons à cela que certains soins ne coûtent aucun argent, mais seulement un peu de peine ou de précaution et qu'ils finissent par ne plus rien coûter du tout, dès qu'on en a pris l'habitude.

Quant aux soins qui exigent des frais, l'ouvrier pourrait encore les prendre en réduisant, non l'usage raisonnable, mais seulement l'excès des boissons alcooliques et du tabac; il s'ensuivra bientôt, d'ailleurs, une autre économie, celle des frais de médecin et de médicaments et celle des pertes occasionnées par le chômage pour maladie.

Dans ce qui concerne la disposition hygiénique des logements et des ateliers, l'ouvrier a le droit de montrer quelque exigence à cet égard, lorsqu'il contracte un engagement avec un patron, car il s'agit ici de ses intérêts les plus précieux : la santé et la vie pour lui et pour sa famille. D'un autre côté, il est de l'intérêt du patron lui-même de satisfaire à ces justes exigences en ce qui le concerne directement, et d'aider les ouvriers à trouver les habitations les plus salubres. En général les entrepreneurs d'industrie qui se sont occupés avec zèle d'assurer à leurs ouvriers des habitations saines, spacieuses, commodes et propres, ont fait autant une spéculation avantageuse qu'une bonne action. Il en est de même de ceux qui usent de l'influence qu'ils exercent sur leurs ouvriers pour leur inspirer de bonnes habitudes morales et hygiéniques. Quand maîtres et ouvriers s'entendront pour améliorer les conditions hygiéniques du séjour, du travail et des habitudes, l'accroissement du salaire viendra faire le reste par surcroît sans détriment pour personne.

La force de l'ouvrier, c'est à dire l'intensité et la durée des efforts qu'il peut faire et renouveler chaque jour sans se fatiguer, dépend de sa constitution native, du développement que celle-ci reçoit par l'éducation physique et de l'état de sa santé. Un enfant sain et bien conformé étant donné, celui-ci peut devenir un homme robuste et capable de supporter la fatigue d'un travail régulier et assidu, s'il a été élevé dans de bonnes conditions hygiéniques, c'est à dire dans une habitation saine, sèche, propre, bien éclairée et bien aérée, s'il a été tenu proprement et nourri sainement et en proportion de son développement ; si des ablutions de tout le corps à l'eau froide, suivies d'exercices corporels proportionnés à ses forces, ont favorisé ce développement. La marche et la course à l'air libre, tous les exercices gymnastiques, un travail corporel modéré et progressif, l'habitude d'endurer les températures extrêmes sans de grandes précautions, tout cela peut développer à un assez haut degré les forces musculaires de l'enfant et du jeune homme, et en faire un ouvrier robuste. Mais pour que celui-ci conserve sa force le plus longtemps possible, deux conditions sont requises : une alimentation convenable et un repos suffisant.

L'homme qui vit sédentaire et sans accomplir de grands efforts, dans un lieu fermé où l'air ne se renouvelle que lentement, n'a besoin que d'une assez faible quantité de nourriture pour le maintien de son existence, et ordinairement son choix se portera plutôt sur des aliments féculents que sur ceux qui, à volume égal, renferment une plus grande quantité de substance nutritive.

Il en est bien autrement dès que cet homme s'agite et se donne du mouvement dans un air sec, pur et vif. Sa respiration est alors activée, le sang circule plus rapidement, il s'évapore par les poumons et par la peau, le poids du corps éprouve une diminution sensible au bout de quelques heures et l'on peut affirmer positivement que les muscles s'usent par le travail.

Cet état de choses, l'usure des muscles et l'évaporation du sang se traduisent par la fatigue, la faim, la soif et le sommeil. Ces besoins doivent être satisfaits à de certains intervalles, autrement il en résulte une déperdition de forces, la maladie et finalement la mort, si les efforts se prolongent sans que les besoins qu'ils font naître soient satisfaits. Le repos, dont une partie doit être consacrée au sommeil a besoin de durer au moins aussi longtemps que les efforts qui ont occasionné la fatigue, et même beaucoup plus longtemps si celle-ci a été grande. Il résulte de là que le maximum de travail qu'un homme puisse fournir par jour, d'une manière continue, ne peut excéder douze heures, et doit rester d'autant plus au dessous de cette limite, que ce travail exige un déploiement plus grand et plus continu d'efforts musculaires. Chaque fois que l'ouvrier est obligé de travailler au delà de ce terme, ses forces et sa santé s'épuisent plus ou moins rapidement, à moins qu'il ne s'arrange de façon à ralentir sensiblement son travail ou à en diminuer l'intensité.

C'est là ce qui arrive bientôt pour tous les ouvriers, et dans la crainte de dépasser la limite et de nuire ainsi à leur santé et à la conservation de leurs forces, ils restent généralement bien au dessous; ce qui est prouvé par ce fait péremptoire que, dans beaucoup d'ateliers, on a trouvé de l'avantage à fixer la journée de travail à dix heures au lieu de douze, malgré la perte d'intérêt qui en résulte pour le capital mis en œuvre par ce travail. En Angleterre, dans certaines industries, le travail qui, pendant quelque temps, avait été poussé à quatorze heures par jour a été réduit à cinquante et une heures par semaine ou à huit heures et demie par jour en moyenne, en comprenant le chômage du samedi après deux heures du soir, et l'on a trouvé qu'à cette limite correspondait le maximum de travail. D'autres expériences ont donné le nombre de dix heures comme correspondant à ce maximum qui dépend d'ailleurs de la nature du travail à exécuter.

La nourriture doit s'accroître et devenir plus substantielle à mesure que le travail augmente, surtout s'il s'accomplit en plein air et si la température n'est pas très élevée. Tous les officiers ont observé que le soldat, qui, en garnison, se contente facilement d'une ration de pain de froment non bluté, de quelques légumes et d'un peu de viande bouillie, trouve cette ration insuffisante dès qu'il entre en campagne; il ne peut alors marcher qu'à petites journées, et beaucoup d'hommes tombent malades ou épuisés de fatigue; il supporte au contraire des marches plus fortes et des fatigues plus grandes dès qu'il est soumis au régime plus substantiel d'une forte ration de biscuit blanc et de viande rôtie. Ce qui est vrai pour le soldat doit être vrai aussi pour l'ouvrier, et cependant on n'est pas encore généralement convaincu, de ce que, dans certaines limites, au moins, le travail dont il est capable se proportionne à la quantité et à la qualité de la nourriture qu'il consomme dans un temps donné. L'ouvrier lui-même ne sait pas bien à quoi s'en tenir à cet égard et quand ses forces sont épuisées il a plus de confiance dans l'efficacité d'un verre de bière, de vin ou d'eau-de-vie pour les renouveler que dans une tranche de bœuf grillé! car il confond généralement l'effet momentané mais immédiat du stimulant avec l'effet plus lent mais durable du fortifiant, et il ne s'aperçoit pas de ce que le premier est bientôt suivi d'une lassitude plus grande, tandis que le second n'amène pas ce résultat.

Il a fallu des expériences comparatives nombreuses et bien établies pour convaincre les maîtres et les ouvriers de la vérité de ce que nous venons d'exposer. Il y a quelques années, le développement rapide pris par nos usines métallurgiques et nos voies ferrées attira en Belgique des entrepreneurs anglais qui se firent suivre par des ouvriers de leur pays, auxquels ils payaient des salaires beaucoup plus élevés que ceux de nos ouvriers wallons ou flamands. Malgré cette différence considérable du prix de la journée, augmentée encore par les frais de voyage et de séjour des ouvriers anglais, le travail de ceux-ci coûtait moins cher, parce qu'il avançait plus rapidement.

On crut d'abord, assez généralement, que cette différence tenait à une supériorité native de la race anglaise sur la race belge; cependant beaucoup de nos ouvriers protestèrent contre cette supposition humiliante pour eux, et affirmèrent que s'ils étaient nourris comme les Anglais, ils accompliraient le même travail. Alors des expériences comparatives furent tentées dont les entrepreneurs consentirent à faire les frais, et l'on vit que des terrassiers, par exemple, qui, mal nourris, avaient de la peine à gagner fr. 0, 90 à fr. 1 par jour en travaillant à la tâche, obtenaient fr. 3, 00 à fr. 3, 50 après avoir été soumis à un régime alimentaire plus fortifiant, et dont la viande formait l'élément principal. Dès lors les ouvriers anglais furent congédiés, car les Belges étant parvenus à faire le même travail qu'eux, et comme ils pouvaient se contenter d'un moindre salaire puisqu'ils ne se déplaçaient pas pour travailler, les Anglais ne pouvaient plus soutenir leur concurrence.

Cependant, il n'y a encore que peu d'ouvriers dans notre pays qui profitent de cet enseignement, excepté parmi les travailleurs d'élite, employés dans des professions où ils gagnent des salaires élevés, mais où, en même temps, l'accomplissement de leur tâche exige une assez grande force musculaire, unie à de l'adresse. Les autres ne peuvent pas faire l'avance nécessaire pour se bien nourrir jusqu'à ce qu'un plus grand développement de force leur fasse gagner un salaire plus élevé; d'autres encore préfèrent suivre l'ancienne routine et boire la partie de leur salaire qui dépasse les besoins ordinaires de l'alimentation. Pour ceux-là, et c'est le grand nombre, les patrons sont obligés de les nourrir eux-mêmes quand ils désirent en obtenir un travail plus actif et plus énergique que celui de la journée ordinaire.

On peut conclure de là qu'il faudra bien longtemps encore avant que nos ouvriers consentent à ne travailler que moyennant un salaire suffisant pour leur assurer le complet développement de leurs forces, et surtout pour que, ce salaire obtenu, ils sachent en faire l'usage le plus utile.

Les maîtres hâteraient la venue de ce moment favorable à eux-mêmes autant qu'aux ouvriers, en mettant ceux-ci à même, par des expériences répétées, de juger des effets d'une alimentation convenable. Quoi de plus facile, par exemple, pour déraciner le préjugé que la bière donne de la force, que de faire un essai comparatif, continué pendant un temps suffisant, entre le travail fourni par une brigade d'hommes nourris d'une ration ordinaire de pain de seigle, de pommes de terre et de légumes, mais bien abreuvés de bière et celui d'un nombre égal d'ouvriers nourris de pain blanc et de viande rôtie et ne buvant que de l'eau ou de la bière en petite quantité. Le résultat de telles expériences, qui, sans doute, serait décisif, ne tarderait pas à éclairer les ouvriers et à les faire revenir de leur déplorable erreur, favorable seulement aux brasseurs et aux débitants de bière.

Ce que nos travailleurs y gagneraient en bien-être matériel ne serait pas sans influence sur leur bien-être moral, car une santé robuste engendre plus de contentement et moins de dépense au cabaret, entraîne à moins de conséquences funestes pour le bonheur de l'ouvrier et de sa famille.

Dès que la nécessité de mieux se nourrir sera comprise par tous les ouvriers, la concurrence qu'ils se feront entre eux (voir le chapitre I) fera baisser le taux de leur salaire à ce qu'il était primitivement, avec augmentation de la somme nécessaire pour se procurer des aliments en plus grande quantité et de meilleure qualité.

Cependant les ouvriers auront gagné l'avantage matériel d'une meilleure nourriture, de forces mieux réparées et d'une santé mieux entretenue et plus durable. La société y trouvera cet avantage qu'il n'en coûte pas plus pour élever et pour protéger durant sa vie un travailleur robuste et actif qui lui rend de grands services, que pour un ouvrier chétif et indolent qui lui est peu utile. Enfin le capitaliste trouvera également un avantage à l'accroissement de l'offre du travail et de la consommation qui sera le résultat d'une meilleure alimentation de l'ouvrier. Toutes les classes de la société y trouveraient donc un avantage à des titres divers, elles sont donc toutes intéressées à hâter la réalisation de ce progrès. Un mouvement de rotation régulier peut-être imprimé à un manége pendant des heures entières par des bœufs ou des mulets, pourvu qu'ils soient suffisamment repus et reposés. Si leur marche se ralentit par intervalles, l'aiguillon et le fouet sont là pour l'animer. Mais l'ouvrier est un homme et, par suite, un être sentant et pensant qui ne peut être assimilé à la bête de trait en aucune façon, que l'on ne peut aiguillonner ni fouetter, et qui ne travaille bien que sous l'impulsion d'un mobile ou d'une idée telle que le sentiment du devoir et le désir d'assurer le bien-être des siens. Si ce mobile n'existe pas, si, en moyenne, le travail d'un jour suffit à peine à procurer le pain d'un jour, s'il ne voit aucun moyen de sortir de cette triste condition, un sombre découragement et une apathique indifférence s'emparent de lui, et il n'est plus possible d'en obtenir autre chose qu'un minimum de travail entièrement machinal auquel son intelligence ne prend plus aucune part, si ce n'est parfois dans la pensée de se venger par quelque acte de méchanceté, de ceux à qui il attribue, à tort ou à raison, la faute de son malheur. Le travail accompli dans de telles conditions, est comme celui de l'esclave, c'est à dire qu'il ne vaut ce qu'il coûte que dans des circonstances exceptionnelles, par exemple, lorsqu'il sert à exploiter un monopole extraordinairement productif.

Le maître doit donc se garder de placer ses ouvriers dans des conditions semblables, si ce n'est par humanité, que ce soit au moins par calcul, car il faut bien se rendre compte de ce qu'en toute circonstance, l'intérêt bien entendu s'accorde avec la morale la plus pure. Si le patron assimile ses ouvriers à des brutes, il n'en pourra jamais obtenir qu'un travail de brute, et celui-là est le moins productif de tous, quand il est accompli par un homme, il ne vaut pas ordinairement le salaire qu'il coûte, tandis que plus l'ouvrier avance en bien-être et en dignité, plus les nobles facultés qui élèvent l'homme au dessus de la brute acquièrent chez lui de vigueur et d'énergie et plus aussi son travail devient productif.

Cette vérité accueillie encore avec tant de doute, quoique d'éclatantes expériences l'aient tant de fois confirmée, que l'ouvrier fait plus et mieux en une journée de 9 à 10 heures de travail qu'en une journée de 12 à 14 heures; cette vérité s'explique mieux encore par le contentement qu'il éprouve de pouvoir être libre et maître de lui-même pendant quelques heures, après la fin de sa tâche, que par le besoin d'un repos suffisant, ou plutôt ce contentement est un repos moral qui est l'indispensable complément du délassement physique.

Ce n'est pas seulement le désir du lucre personnel (quoique celui-ci n'ait rien de blâmable en soi) qui attache l'ouvrier à son travail et le lui fait trouver léger; l'idée d'être libre quand sa tâche sera finie lui fait prendre le temps en patience lorsqu'il n'est pas maître de l'abréger, mais il en entreprendra volontiers une nouvelle, où il redoublera d'efforts pour accroître la sienne, si le bien-être de la famille est en jeu. L'ouvrier marié et qui a des enfants est plus assidu et plus actif au travail que le célibataire, et celui qui a déjà amassé un petit pécule pour ses enfants et qui voit s'approcher le but auquel il désire atteindre : l'acquisition d'une propriété qu'il pourra leur léguer, celui-là travaille avec plus d'ardeur qu'aucun autre. Il est aussi des ouvriers qui se dévouent à travailler pour quelque parent malade ou infirme, pour les orphelins d'un ami, ou dans quelque autre but de charité ou d'abnégation, dont on trouverait sans doute plus d'exemples à citer dans la classe des ouvriers que chez ceux qui ont été mieux doués par la fortune. Les annales des houillères du Hainaut, et du pays de Liége, par exemple, contiennent de nombreux témoignages de l'admirable dévouement avec lequel les ouvriers mineurs bravent le danger et la fatigue pour aller au secours de leurs camarades mis en péril par un éboulement, une inondation ou une explosion de grisou.

L'ouvrier dont le salaire est insuffisant, dont le patron est hautain, dur et injuste, s'en venge à la façon de l'esclave, par de petites méchancetés, par une négligence calculée, par une résistance d'inertie opposée à tout progrès, et tous ces riens ou ces presque riens, qui, répétés chaque jour et par chaque ouvrier, finissent par causer, au bout de l'année, un dommage considérable au patron. En vain celui-ci cherche-t-il à se soustraire à ce dommage par une surveillance active, elle ne peut rien contre la malveillance occulte et incessante de l'ouvrier, qui ne se traduit pas ordinairement par des actes, mais plutôt par des abstentions. D'ailleurs, cette surveillance elle-même, quoique peu efficace, est coûteuse, qu'elle soit exercée par le patron en personne, aux dépens du temps qu'il consacrerait à d'autres occupations, ou par des agents payés par lui, et malgré cela, moins intéressés à être vigilants.

Gaspillage des matières premières employées; maniement brutal et inintelligent des machines, des outils et des appareils; négligence à signaler des réparations urgentes et dont le retard décuple les frais; défaut de soin et de propreté dans l'achèvement des produits; inaction ou lenteur extrême dès que la surveillance se relâche; dégâts causés par un feint oubli des précautions usuelles, ou même à dessein, chaque fois que le coupable est certain de demeurer inconnu, tels sont les faits par lesquels se traduit d'ordinaire la mésintelligence entre le maître et l'ouvrier, tandis que quand celui-ci porte de l'affection à son patron, il peut lui éviter ces causes de perte et y substituer même un soin vigilant de ses intérêts.

C'est donc par milliers de francs que l'on peut compter, dans une grande manufacture, le dommage occasionné au patron par le mauvais vouloir de ses ouvriers, et cette somme dépensée annuellement en pure perte, exerce une influence sensible sur les frais de fabrication des produits, tandis que la négligence, souvent visible, avec laquelle ils ont été achevés, agit en sens inverse sur leurs prix de vente, et place le fabricant dans une condition d'infériorité envers ses concurrents. La perte qui en résulte pour lui, dépasse ordinairement de beaucoup ce qu'il économise sur un salaire convenable accordé à ses ouvriers et sur ce qu'il lui en coûterait moralement et matériellement, à être juste, bon et poli envers eux. Traiter mal les ouvriers, c'est donc pour le patron, non seulement une mauvaise action, mais encore plus un mauvais calcul. Le traiter bien, c'est l'encourager à joindre, à son travail physique, la plus grande somme possible de travail moral et intellectuel, ce qui tourne toujours au profit du maître, ainsi que nous le démontrerons au chapitre III.

Certes, en vertu de l'admirable loi de solidarité qui régit tous les membres de la société humaine par l'échange, la perte que l'ouvrier occasionne au patron par sa malveillance, retombe en partie sur lui-même comme consommateur, puisqu'il en résulte des produits plus chers et de moindre qualité, mais cette perte, qu'il subit d'ailleurs sans qu'il s'en aperçoive, n'est que peu de chose par rapport à celle qu'il inflige à son patron, et ne suffit pas à le retenir de lui en causer le dommage.

En résumé, on voit, par ce qui précède, que l'ouvrier fournit un maximum de travail et se rend le plus utile à son patron et à lui-même quand ce travail s'accomplit dans de bonnes conditions de santé, de force et de contentement. Que la santé de l'ouvrier dépend de la salubrité de son habitation et de son atelier de travail, de ses bonnes habitudes hygiéniques et de sa tempérance; que le maître peut influer sur ces conditions par la bonne disposition qu'il adopte pour les logements et les ateliers et par les conseils qu'il donne à ses subordonnés sur le régime hygiénique qui leur convient le mieux. Que la force de l'ouvrier, qui est le résultat de sa constitution et de son éducation physique, se conserve et s'entretient par un travail modéré entremêlé d'intervalles de repos suffisamment prolongés, circonstances qui dépendent du maître, et par une nourriture proportionnée en quantité et en qualité, au travail à exécuter, cette condition dépend à la fois du maître et de l'ouvrier car l'un doit donner un salaire suffisant pour payer cette nourriture, tandis que l'autre doit fournir un travail proportionné à ce salaire et consacrer celui-ci à l'usage auquel il est destiné.

Que le contentement de l'ouvrier est le principal ressort qui anime son travail, et que le maître qui néglige cette considération, qui traite son ouvrier en brute ou en machine et ne fait pas naître en lui un motif quelconque d'émulation, n'obtient de cet ouvrier qu'un travail qui ne vaut pas ce qu'il coûte.

Qu'enfin, le cœur de l'ouvrier est loin d'être fermé aux sentiments nobles et élevés qui honorent le plus la nature humaine et que, par conséquent, les motifs d'émulation pour son travail ne seront jamais d'un choix difficile *.

CHAPITRE III

INFLUENCE EXERCÉE SUR LE SALAIRE PAR LE DÉVELOPPEMENT MATÉRIEL, INTELLECTUEL ET MORAL DE L'OUVRIER.

L'homme, seul parmi les êtres de la création, naît dépourvu des organes suffisants pour satisfaire tous ses besoins. Tandis que ces derniers sont très étendus, même dès sa naissance, et susceptibles d'un accroissement en quelque sorte indéfini par la suite, les premiers sont faibles et bornés. Ce n'est que par son intelligence, au moyen de laquelle il parvient à tirer parti des dons de la nature et à faire agir pour lui les forces qu'il y trouve, qu'il peut arriver à la satisfaction de plus en plus complète de ses besoins, quelque étendus qu'ils soient.

Sans culture intellectuelle l'homme est donc un être inférieur aux animaux, qui reçoivent, avec leur existence, toutes les facultés propres à en assurer la conservation.

L'ouvrier qui ne peut offrir que le travail dû à ses seules forces musculaires, ne peut prétendre à obtenir en retour une grande valeur. Souvent ce travail est remplacé avantageusement par celui de quelque animal plus fort que lui et moins coûteux de nourriture et d'entretien, ou par un moteur inanimé dont l'usage est peu dispendieux. En d'autres termes, quelque bas que soit son salaire, son travail, comparé à celui que peut exécuter une bête de somme ou un moteur naturel, ne le vaut pas, et l'entrepreneur perd à l'employer, ou les consommateurs, parmi lesquels il faut ranger les ouvriers eux-mêmes, payent trop cher les produits auxquels il a coopéré.

Le travail purement manuel de l'ouvrier ayant à subir la triple concurrence de ses pareils, des animaux domptés et des moteurs animés, l'ouvrier qui n'en peut offrir d'autre est donc réduit à ne recevoir qu'un très minime salaire, strictement suffisant pour le maintien d'une existence fort misérable. Et cependant, malgré l'exiguïté de sa rétribution, ceux qui achètent son travail, c'est à dire les consommateurs ou la société, font aussi une perte qui se résume en un retard dans le progrès social.

Mais il en est tout autrement dès que le travailleur opère à l'aide de son intelligence et de ses facultés morales. Ici, plus de concurrence possible de la part des animaux ou des machines, desquels on ne peut exiger d'effort intellectuel ou moral. Reste bien encore celle que ces travailleurs se font entre eux, mais celle-là ne peut jamais aller jusqu'à faire descendre le salaire au dessous du niveau des moyens d'existence, qui comprennent l'éducation, car elle doit inévitablement s'arrêter à ce point.

Lorsque les efforts des facultés morales et intellectuelles s'ajoutent à ceux du corps, l'homme parvient à déployer toute sa puissance, qui devient immense et indéfiniment développable. Dans ce cas, quand bien même le salaire s'élève, fût-ce de beaucoup, la valeur en peut rester au dessous de celle du travail obtenu en échange. Alors se réalise ce phénomène, si fréquent et si visible, quoique tant de personnes se refusent à y croire, QU'A UN SALAIRE ÉLEVÉ, CORRESPOND DU TRAVAIL A BON MARCHÉ !

Dans des conditions semblables, le sort de l'ouvrier s'améliore sans que l'acheteur de son travail y perde ; au contraire, la société toute entière, toujours en y comprenant les ouvriers considérés comme consommateurs, y trouve un bénéfice appréciable.

Ne résulte-t-il pas déjà, d'une manière évidente, de ce que nous venons d'exposer, ce fait consolant : que l'intérêt de la classe laborieuse concorde avec celui de la société entière? En effet, l'ouvrier est-il faible, abruti, misérable, son travail coûte cher et la société doit se restreindre sur les satisfactions qu'elle en retire. L'ouvrier est-il au contraire robuste, intelligent et bon, son salaire s'élève et le prix de son travail, c'est à dire de la somme de jouissances qu'il procure à ses semblables, s'abaisse.

Nous espérons avoir plus d'une fois encore, dans le cours de cet exposé, à faire remarquer cette harmonie d'intérêts entre producteurs et consommateurs, entre ouvriers et patrons, entre la classe ouvrière et toutes les autres classes qui composent la société.

Nous nous estimerons heureux si nous parvenons

ainsi, ne fût-ce que pour une part infime, à compléter cette démonstration, laissée inachevée par Bastiat, que la Providence n'a pas mis moins de sagesse et de prévoyance, moins de sublime harmonie, dans les lois qui régissent le monde moral, que dans celles qui gouvernent le monde physique, — si nous parvenons à montrer, une fois de plus, combien la vraie économie politique est d'accord dans ses conclusions avec la morale la plus pure, puisqu'il résulte de cette solidarité entre le patron et l'ouvrier, que l'intérêt bien entendu leur donne le même conseil que cette morale : Aimez-vous, aidez-vous les uns les autres.

Hélas ! combien l'on est loin de ce précepte dans la pratique !

Que de fois nous avons entendu répéter par des industriels et par des hommes politiques qui se croyaient profonds, sensés, pratiques : « Il ne convient pas que l'ouvrier soit instruit ni qu'il parvienne à une certaine aisance, car alors il devient indiscipliné, turbulent, exigeant en ce qui concerne son salaire et plus enclin à l'oisiveté et aux plaisirs qu'au travail. »

Et l'on ne manque pas de citer des exemples à l'appui de cette assertion, heureusement aussi absurde qu'elle est inhumaine et peu morale.

« Quand l'ouvrier est dans l'aisance, dit-on, il gaspille son salaire en dépenses insensées ; la débauche et la bonne chère absorbent la majeure partie de son revenu et son ménage n'en va pas mieux, au contraire; car le crédit que lui fait obtenir sa paye élevée ne sert qu'à lui faire contracter plus facilement des dettes qui le jettent finalement dans le découragement et dans la misère.

« Il travaille moins assidûment et avec moins d'ardeur que quand il est pressé par le besoin, et on ne le trouve pas quand il faudrait l'avoir pour achever quelque commande pressante. Son indépendance le rend hautain, insolent, capricieux, prompt à se coaliser et à se révolter.

« Quand l'ouvrier est trop instruit, il veut en savoir plus que son maître, et il devient impossible de le dominer; cette instruction ne pouvant jamais être complète, ne le prémunit pas contre les mauvaises lectures; il veut se mêler de politique et se jette alors volontiers dans les partis extrêmes, mettant ainsi en péril l'ordre et l'existence même de la société. »

Il nous sera facile, croyons-nous, de réfuter ces assertions, qui ne reposent que sur une observation incomplète des faits.

Il est très vrai, et nous avons pu l'observer nous-même, que l'ouvrier dont l'aisance se trouve augmentée par un accroissement subit et considérable de son salaire, ne sait pas toujours, à beaucoup près, faire un bon usage de ce surcroît de revenu; il le gaspille souvent, s'habitue à une vie peu réglée et à de fortes dépenses, qui lui rendront plus tard la misère plus dure, et néglige son travail.

Mais n'en est-il pas exactement de même pour l'homme qui, ayant reçu cependant une éducation plus complète que celle de l'ouvrier, se voit inopinément en possession de grandes richesses? Combien en est-il, en pareil cas, qui fassent de cette fortune un usage judicieux et prudent? Combien en est-il à qui elle n'inspire pas des idées folles de vanité et d'orgueil déplacé?

Ce n'est pas en vain que la sagesse populaire a caractérisé ce fait si fréquent par le proverbe : « Ce qui vient de la flûte s'en retourne au tambour. »

En serait-il encore de même si l'ouvrier avait gagné lentement et avec peine un peu d'aisance? Ne sentirait-il pas alors tout le prix d'un bien péniblement acquis, et n'est-il pas à présumer qu'il en userait avec modération?

Quant à l'instruction de l'ouvrier, il est si rare qu'il en ait, qu'il est fort difficile de juger de l'usage qu'il en ferait après l'avoir acquise. Ordinairement on se borne à lui enseigner la lecture, sans lui montrer l'emploi qu'il peut faire de cette connaissance; il s'en sert ensuite bien ou mal, et l'instruction qu'il acquiert ainsi sans guide est plus souvent mauvaise que bonne, car, suivant en cela les tendances naturelles de l'homme, il écoute plus volontiers ce qui flatte ses penchants que ce qui tend à les corriger dans ce qu'ils ont de vicieux.

Il est certain qu'une instruction mal dirigée, une éducation qui développe en lui des goûts ou des besoins qu'il ne peut parvenir à satisfaire, ou qui lui fait considérer sa profession comme humiliante ou dégradante, cette éducation, fût-elle très soignée d'ailleurs et très bien appropriée à un homme d'une condition plus élevée, n'en serait pas moins pour l'ouvrier un don funeste.

Cependant, on peut remarquer que les ouvriers de la partie orientale des États-Unis, et aussi ceux de l'Angleterre, depuis que l'instruction est devenue plus générale parmi eux, ont une conduite plus digne, plus régulière que celle des ouvriers chez d'autres peuples; qu'ils se livrent moins souvent à des excès répréhensibles ou à des coalitions dont l'expérience, autant que quelques notions économiques, leur ont démontré l'inutilité et les effets nuisibles pour eux.

Quelle est donc l'instruction qui convient réellement à l'ouvrier?

Ceci n'est pas très facile à préciser, et quand on songe à tout ce qui serait utile qu'il sût, on est étonné du nombre des connaissances dont il pourrait tirer parti, et l'on se demande comment il pourra les acquérir.

En ce qui concerne l'instruction purement intellectuelle, nous voudrions que l'ouvrier connût, indépendamment de la lecture, de l'écriture, les quatre règles d'arithmétique, les proportions, quelques notions très élémentaires de physique, de météorologie, d'hygiène; un peu de géographie, surtout celle de son pays; fort peu d'histoire, nous la croyons médiocrement utile à celui qui n'est pas assez instruit pour pouvoir l'embrasser dans son ensemble et en saisir la philosophie; une idée des droits et des devoirs du citoyen, tels qu'ils sont déterminés par la constitution et le code civil, et enfin quelques notions techniques appliquées à la profession que le jeune homme se propose d'embrasser.

Sous le rapport moral, nous voudrions qu'on lui enseignât ses devoirs religieux d'une manière plus intelligente que cela se fait ordinairement; car, en général, l'ouvrier pratique le dogme machinalement et sans se rendre compte des motifs de ce qu'il fait, sans que ses croyances s'appuient sur un fondement bien solide.

Mais ce qui surtout exige un soin particulier, c'est d'inculquer à l'enfant de l'ouvrier des idées nettes sur ses devoirs envers lui-même, envers sa famille et envers la société. Ce soin est généralement abandonné au hasard à notre époque; on n'a donc pas le droit de s'étonner quand on trouve si peu d'hommes dont la probité soit susceptible de résister à toutes les épreuves.

Nous ne nous dissimulons en aucune façon la difficulté de cet enseignement, qui doit consister, comme tout autre, en trois branches : le précepte, l'exemple et la pratique.

Le précepte est facile à enseigner, et cependant, dans quelle école peut-on apprendre une saine morale d'une façon simple et logique?

Puis, le précepte inculqué, il faut le montrer en action par l'exemple, et, ici, nouvelle difficulté! Dans quelle famille d'ouvrier l'enfant trouvera-t-il cet exemple donné d'une manière irréprochable? A quoi lui servira-t-il qu'on lui enseigne à ne pas mentir, s'il voit tous les jours le mensonge pratiqué autour de lui par les êtres pour lesquels il professe le plus d'estime et de respect?

Qui prendra ensuite le soin, qui aura la patience

d'enseigner à l'enfant et au jeune homme à pratiquer par lui-même le précepte moral qu'on lui a appris et dont l'exemple lui a été montré, et de lui en faire acquérir l'habitude, qui seule peut affermir ses pas dans le rocailleux sentier du devoir?

Y a-t-il, même dans les familles aisées, et où les parents ont reçu ce que l'on nomme la meilleure éducation, beaucoup de ceux-ci qui veillent, avec une suffisante sollicitude, à ce que leurs enfants acquièrent cette précieuse pratique, sans laquelle la théorie et l'exemple servent à bien peu de chose?

Hélas! il faut bien l'avouer, — et c'est là la plaie la plus profonde et la plus incurable de la société moderne, — c'est un souci que prennent bien peu de parents et qu'ils abandonnent le plus souvent à des mercenaires, sans trop s'inquiéter de la manière dont ceux-ci s'en acquittent.

Personne ne niera que, pour qu'un enfant apprenne à danser, par exemple, il ne suffit pas qu'on lui explique les figures et les mouvements, et qu'on les exécute devant lui; tout le monde dira qu'il faut, en outre, qu'il s'exerce à les faire par lui-même, sous les yeux du maître et aidé d'abord de ses conseils. Et il serait inutile de suivre la même voie quand il s'agit d'une chose aussi importante et aussi difficile à pratiquer que la morale!

On voit, par ce qui précède, que ce genre d'éducation ne peut être entièrement donné dans les écoles, mais que les parents y doivent prendre une part essentielle. Nul effort pour améliorer la condition morale de la classe ouvrière n'aura donc de chances de succès, si l'on ne commence par faire sentir aux parents toute l'utilité de cet enseignement et toute l'importance qui s'attache à ce qu'ils veillent sans cesse à l'accomplissement de leur devoir à eux, qui consiste à donner l'exemple et à encourager la pratique de la morale dans toutes les circonstances de la vie.

Il est une opinion, assez généralement admise, même parmi des esprits très distingués, et qui prédomine en Suisse, le pays de l'Europe où l'éducation du peuple est l'objet de la plus constante sollicitude, — c'est que l'intérêt de la société, exigeant impérieusement que l'ouvrier soit intelligent et par conséquent instruit, son instruction est une charge qui incombe à la société entière, ou à son représentant : l'État, lequel doit avoir pour premier devoir de rendre l'instruction accessible aux plus pauvres, en la donnant *gratuitement*.

Aussi pénétré que qui que ce soit de l'immense utilité de la diffusion de l'enseignement parmi les classes laborieuses, nous ne pouvons néanmoins partager la généreuse illusion des partisans de l'enseignement gratuit et obligatoire donné par l'État.

Voici les deux motifs principaux qui nous portent à repousser ce système.

Premièrement, la gratuité de cet enseignement est plutôt apparente que réelle, car l'ouvrier qui ne paye pas l'instruction de ses enfants au maître d'école, la paye à l'État sous forme de contribution, ce qui, quant à l'effet sur sa bourse, revient absolument au même, sauf que celui qui n'a pas d'enfants paye pour celui qui en a, au détriment de l'équité. En outre, celui qui paye l'enseignement sous forme de contribution, en même temps que tous les autres services qui lui sont rendus par l'État, ne peut discerner s'il n'en donne pas un prix trop élevé, tandis que, quand il le paye directement à l'instituteur, il peut l'apprécier et en débattre le prix et la qualité; de plus, il a la garantie que la concurrence empêchera toujours ce prix de s'élever au delà de ce que le service rendu vaut réellement, garantie que le gouvernement ne peut lui donner. Enfin, il est bien reconnu que l'on fait peu de cas, même de la chose la plus précieuse, lorsqu'il n'en coûte rien de l'acquérir; il serait donc fort à craindre que l'enseignement ne fût pas apprécié à sa juste valeur, et que l'on n'en profitât pas autant qu'il le faudrait, si l'État se chargeait de le donner gratuitement.

En second lieu, l'enseignement donné par l'État et rendu obligatoire est une atteinte portée à la liberté du père de famille, une atteinte grave, car elle a, du même coup pour effet de lui enlever la responsabilité; et, en réalité, c'est cet enseignement par l'État, qui, partout où il est exclusivement pratiqué, engendre cette funeste indifférence des parents pour la manière dont leurs enfants sont instruits. Trouvât-il cette manière mauvaise, comme il n'y en a qu'une, celle que pratique le gouvernement, et que, d'ailleurs, les facultés intellectuelles et morales de tous sont façonnées dans le même moule officiel, il ne lui servirait de rien de vouloir y trouver à redire, puisqu'il lui serait impossible d'y porter remède.

Pour que l'État fût fondé à imposer un enseignement et à le rendre obligatoire, il faudrait, avant tout, qu'il pût garantir que cet enseignement est parfait et le seul parfait; or, comme un gouvernement se compose d'hommes qui n'ont pas reçu du ciel, en même temps que le pouvoir, le don d'infaillibilité, cette garantie est impossible.

Mais, dit-on parfois : l'État, en vue de l'intérêt social, lésé par l'ignorance, source féconde de maux pour la société, peut exiger de tout père de famille qu'il fasse instruire ses enfants, sans lui ôter le choix de l'instruction qu'il préfère.

L'intérêt social ne peut être légitimement invoqué pour justifier une atteinte à la liberté individuelle ou au droit de propriété; admettre le contraire ce serait jeter la société en plein communisme; mais on peut, à plus juste titre, réclamer l'intervention de l'État afin de rendre obligatoire un certain degré d'instruction pour les enfants, en vertu du droit qu'ont ceux-ci d'obtenir de leurs parents les moyens de pourvoir, par eux-mêmes, à leur existence, moyens parmi lesquels il faut ranger aujourd'hui, en première ligne, l'instruction nécessaire pour se comporter dans le monde en citoyen utile à lui-même et à la société. Il est regrettable que le contrôle de la société sur la manière dont les parents remplissent leurs obligations naturelles envers leurs enfants, ne puisse s'exercer que sur le degré de développement qu'ils donnent à l'*intelligence* de ceux-ci, et nullement sur celui que réclament, non moins impérieusement, leurs *facultés morales*, pour se conformer à cette sentence de Rabelais : « Science sans conscience n'est que ruine de l'âme (1). »

Il faut, pour que l'État puisse imposer aux citoyens une obligation efficace, qu'il s'assure préalablement s'il existe des moyens de la remplir. Il doit donc déterminer le degré d'instruction qu'il juge nécessaire et la manière de constater que les connaissances exigées ont été réellement acquises. Par cela seul aussi que l'État oblige les parents à recourir aux services des instituteurs, il investit ceux-ci d'une espèce de monopole dont ils peuvent abuser, et si, pour y remédier dans les localités où ce monopole n'est pas annulé par une concurrence suffisante, il crée lui-même des établissements d'instruction, ce monopole passe, de fait, entre ses mains, car aucun instituteur privé, qui a besoin de faire des bénéfices pour vivre, ne peut lutter contre un établissement public dont les employés reçoivent de l'État des appointements fixes, qu'il y ait bénéfice ou perte dans l'entreprise; alors la situation est la même que si le gouvernement accaparait l'instruction pour lui seul.

C'est là, malheureusement, une tendance assez générale chez les gouvernements, et dont nous

(1) Cette question a donné lieu à une discussion très intéressante entre MM. G. de Molinari et Frédéric Passy, publiée dans l'*Économiste belge*, Années 1857 et 1858. Elle est reproduite dans un volume intitulé : *De l'enseignement obligatoire*, discussion entre MM. F. Passy et G. de Molinari (Paris, Guillaumin, 1859).

M. Frédéric Passy a publié aussi une remarquable étude sur le rôle de la famille dans l'éducation, dans ses *Mélanges économiques* (Paris, Guillaumin, 1857.)

craindrions les effets dans le cas de l'enseignement obligatoire ; mais cette intervention de l'État ne serait pas nécessaire pour assurer les moyens de se procurer de l'instruction. En effet, la conséquence du monopole des instituteurs, né de la contrainte exercée à l'égard des parents, serait d'abord d'assurer aux maîtres d'écoles un bénéfice élevé et certain qui, produisant ses effets ordinaires, leur susciterait une concurrence qui ne cesserait que lorsque le nombre des instituteurs se serait mis en rapport avec celui des élèves à instruire. Il suffirait donc de quelques années d'attente pour amener ce résultat.

Ainsi, même en admettant (comme nous le faisons pleinement) que la société doive intervenir pour sauvegarder le droit qu'ont les enfants d'obtenir de leurs parents la nourriture intellectuelle comme la nourriture corporelle, l'instruction peut et doit rester dans le domaine de l'industrie privée, qui peut être stimulée, au besoin, par la charité et par les entrepreneurs d'industrie assez éclairés pour comprendre qu'il est conforme à leur intérêt que les ouvriers qu'ils emploient soient instruits, intelligents et probes.

Que les patrons s'unissent donc pour faire sentir aux ouvriers combien il leur importe que leurs enfants reçoivent une instruction convenable, et combien eux-mêmes peuvent y contribuer par le bon exemple; qu'ensuite ces mêmes patrons se cotisent pour faciliter la création d'établissements d'instruction pour les enfants d'ouvriers, sans dispenser cependant les parents de contribuer aux frais que ces établissements occasionnent et de surveiller l'enseignement qui s'y donne.

Il est d'autant plus utile que les patrons fassent les avances nécessaires à cet effet, dussent-ils s'en faire rembourser plus tard par leurs ouvriers, que ceux-ci ne peuvent faire les frais d'une éducation plus complète pour eux-mêmes et pour leurs enfants, qu'à la condition de gagner un salaire plus élevé que celui qu'ils reçoivent aujourd'hui. Mais dès qu'ils auront reçu cette éducation, il leur sera possible de rembourser les avances qu'elle aura coûtées, puisque leur travail en aura une plus grande valeur, ce qui, comme nous l'avons démontré, leur profitera comme producteurs de travail, et aussi comme consommateurs des produits de ce travail, puisque ces produits sont, en réalité, créés à meilleur marché par un labeur intelligent, même quand il est mieux rétribué que par un travail purement matériel.

* Parmi les ouvriers, il en est un grand nombre dont l'instruction ne répond pas, à beaucoup près, au programme que nous en avons tracé plus haut; les uns n'ayant pas eu l'occasion de s'instruire, les autres l'ayant dédaignée pour n'en avoir pas apprécié toute l'importance. A peu d'exceptions près, tous sentent aujourd'hui combien il leur est utile de posséder quelques connaissances, et ils voudraient regagner le temps perdu. Pour ceux-là, il existe dans certaines grandes villes, des écoles d'adultes, ouvertes le soir et le dimanche, où sont répétées les notions que l'on donne aux enfants dans les écoles primaires. Ces utiles institutions pourraient se généra-

liser, si les ouvriers, sentant toute l'importance de l'instruction, voulaient en faire la dépense, qui serait minime là où ils seraient nombreux, et à laquelle les maîtres ne refuseraient sans doute pas de contribuer, puisqu'il est de leur intérêt d'avoir des ouvriers instruits.

En Angleterre et aux États-Unis d'Amérique, où les salaires sont généralement élevés, les ouvriers d'une même ville et quelquefois d'une même profession, se cotisent pour former, à frais communs, une petite bibliothèque d'ouvrages usuels, qui sont mis à la disposition de tous les associés. Des fonds sont formés de la même manière, pour louer, chauffer et éclairer une salle dans laquelle un professeur donne, pendant les longues soirées de l'hiver, une ou plusieurs leçons sur un sujet qui intéresse les ouvriers; d'autres professeurs, dont plusieurs vont ainsi porter leur science de ville en ville, les mettent à la disposition du même auditoire, et comme celui-ci est fort nombreux, une très minime cotisation prélevée sur chacun de ses membres, suffit pour rétribuer le corps enseignant d'une manière assez lucrative pour que des hommes d'un talent distingué ne dédaignent pas cette utile profession. Quelques savants donnent aussi de ces leçons publiques à l'usage des ouvriers, gratuitement et par pure philanthropie. Cet *enseignement*, joint à d'excellents traités élémentaires sur diverses connaissances, publiés à très bas prix, mettent l'*instruction* à la portée du grand nombre, à l'avantage des ouvriers et des maîtres, et aussi des progrès de l'industrie. Il est vivement à désirer que quelques tentatives de ce genre, faites dans notre pays, soient couronnées de succès, cela devient même indispensable, si nous voulons maintenir notre industrie sur un pied d'égalité avec celle des nations qui nous entourent. Déjà, l'on peut signaler, comme symptômes avant-coureurs de ce progrès, des conférences données par plusieurs orateurs à la classe ouvrière, et écoutées avec intérêt par celle-ci, et le goût de la lecture d'ouvrages instructifs, qui se répand parmi elle. *

CHAPITRE IV

DU TRAVAIL DES FEMMES ET DE SA RÉMUNÉRATION

* En général la rémunération du travail des femmes, à mérite égal, est moins élevée que celle du travail des hommes, ce qui ne peut provenir que d'un excès de l'offre sur la demande qui se fait des divers genres de travaux pouvant être exécutés par des femmes.

Cette pénurie de la demande provient principalement de deux causes : la première, c'est que les hommes se sont attribué le monopole exclusif ou presque exclusif de certaines professions, dont les unes seraient plus convenablement exercées par des femmes, et dont les autres peuvent être du domaine des deux sexes. Ainsi, parmi les travaux manuels, il en est beaucoup qui exigent plus d'adresse, de délicatesse et de dextérité que de force et auxquels les femmes sont par conséquent, plus propres que les hommes; il en est de même des travaux de l'intelligence qui nécessitent de la finesse de tact et une promptitude de jugement, en quelque sorte intuitive. Cependant, il s'en faut de beaucoup que dans la société actuelle, les travaux soient distribués entre les deux sexes selon cette règle.

Ainsi, par exemple, on voit à Paris et dans plusieurs autres grandes villes, les fonctions de commis, dans les magasins d'étoffes et de nouveautés, être remplies par des jeunes gens, à qui conviendraient certainement mieux des fonctions plus viriles, tandis que dans nos mines, nos campagnes et nos manufactures, nous voyons des femmes chargées d'un labeur si rude ou du transport de fardeaux si lourds, que peu d'hommes consentiraient à remplir la même tâche. Citons, par exemple, les botteresses du pays de Liége, les haleuses de bateaux du canal de Pommerœul à Antoing, etc.

La deuxième cause qui tend à limiter la demande du travail des femmes, c'est le peu d'instruction, et surtout d'instruction solide, qu'elles reçoivent généralement, et qui resserre, dans des limites fort étroites, le nombre des professions qui leur sont accessibles, tant parmi celles qui exigent des efforts purement intellectuels, que parmi celles qui demandent un faible travail matériel dirigé par une intelligence plus ou moins exercée. C'est ainsi que le vaste domaine des sciences, des lettres et des arts et de leurs nombreuses applications est à peu près inaccessible aux femmes, et que le petit nombre d'entre elles qui pourrait l'exploiter avec fruit, en est souvent retenu par la crainte de se singulariser, ou même de se ridiculiser.

Le fait de cette insuffisance de l'enseignement pour les femmes est assez bien établi par la statistique, qui montre que le nombre des écoles et des élèves qui les fréquentent, la durée et l'importance des études qui s'y font, est de beaucoup plus considérable pour les garçons que pour les filles.

Les connaissances que l'on donne à ces dernières ne sont le plus souvent qu'ébauchées ou mal fixées dans leur esprit, ce qui fait qu'il leur est difficile d'en retirer une utilité réelle. Quant aux écoles professionnelles pour les femmes, si l'on en excepte quelques écoles normales et quelques ateliers d'apprentissage pour les professions manuelles, elles n'existent nulle part.

Est-il étonnant dès lors, qu'il y ait encombrement de l'offre dans le petit nombre de professions auxquelles conviennent les services du sexe féminin, ainsi limités?

Quant à l'offre du travail, elle est faite par les veuves, les orphelines et par une multitude de filles qui ne trouveront jamais sur le produit de leur travail, et malgré la plus rigoureuse économie, une dot pour se marier, ou un petit pécule pour établir un commerce; l'offre est faite aussi par de jeunes filles que leurs parents ne peuvent pas soutenir, et même par des femmes mariées dont les maris ne gagnent pas assez ou dépensent trop pour subvenir seuls aux frais du ménage.

Ce travail forcé des femmes et l'insuffisante rémunération qu'elles en retirent est une des conséquences les plus tristes de notre civilisation, encore si incomplète à tant d'égards. Les maux et les souffrances engendrées par cette plaie sont innombrables, tant au point de vue matériel que sous celui de la condition morale des peuples, et l'on peut mesurer avec certitude, le degré de civilisation atteint par une nation, et la somme de bien-être dont elle jouit, au degré de liberté et de dignité que l'on y accorde à la femme.

En effet, la femme n'est-elle pas la première éducatrice et surtout la première moralisatrice de l'enfance? Et de l'impression laissée par la mère et les sœurs aînées sur le cœur du jeune enfant, ne dépend-il pas qu'il soit un jour un être probe, courageux et actif, ou un malheureux, incapable de résister aux incitations de la cupidité ou de la paresse, à l'entraînement des plus mauvaises passions?

Ne dépend-il pas aussi des soins assidus et intelligents d'une mère, et que celle-ci seule peut donner, qu'un enfant soit robuste et sain de corps et d'esprit, et la plupart des enfants privés de ces soins, ou qui ne les reçoivent que de mains mercenaires, non affectionnées et non intelligentes, ne portent-ils pas toute leur vie l'ineffaçable trace de la débilité du corps et de l'esprit?

On peut accuser, croyons-nous, le manque ou l'insuffisance de l'éducation maternelle, de la débilité et du rachitisme moral, intellectuel et physique, qui afflige une si grandeportion de l'humanité et qui, en paralysant chez elle, tant de talent, d'activité et de force est un si grand obstacle au progrès de la civilisation.

On a beaucoup préconisé les crèches et les écoles gardiennes comme moyens de première éducation pour les enfants dont les mères n'ont pas le loisir de s'occuper; mais ce ne sont là que de faibles palliatifs, qui soulagent momentanément le mal sans en anéantir la cause, et qui ont d'ailleurs l'inconvénient d'affaiblir presque toujours les liens d'affection qui unissent entre eux les parents et les enfants, quand le soin de leur bien-être n'est pas confié à des mains étrangères.

Mais, pour que cette première éducation, qui exerce une si profonde influence sur le développement progressif de la société, soit possible, il faut deux conditions essentielles : la première, c'est que la mère de famille ait elle-même développé son intelligence et ait acquis au moins des notions pratiques de morale et d'hygiène; la seconde, c'est qu'elle ait le loisir nécessaire pour appliquer ces notions à l'éducation de ses enfants.

Or, ces deux conditions sont entièrement incompatibles avec la présence régulière à l'atelier, avec le travail à la journée, de la jeune fille et de la femme mariée. De la jeune fille, parce que ce n'est que chez elle et sous les yeux de sa mère qu'elle peut acquérir les qualités d'une bonne ménagère; de la femme mariée, parce que ce n'est que par des soins incessants et par une surveillance continuelle, qu'elle peut parvenir à bien diriger l'éducation de ses enfants.

Les devoirs de la femme ne se bornent pas cependant à cette seule éducation. Elle est aussi épouse et mère de famille. Comme telle, le soin du ménage, de sa propreté, de son comfort lui incombe; elle doit préparer les repas, confectionner en partie et entretenir les vêtements de la famille, le linge de la maison, et rendre l'intérieur de celle-ci aussi agréable que possible, afin que son mari ni ses enfants ne songent pas à la quitter, dès que leur présence n'y est plus indispensable. Combien de maris seraient restés chez eux et seraient demeurés des hommes rangés et de bons travailleurs, s'ils avaient trouvé, en rentrant de l'atelier, une femme accorte, gaie, aimable, pour les recevoir, des enfants propres et riants, un foyer chaud, un repas bien servi, qui sont devenus des ivrognes, des débauchés et des paresseux, parce qu'ils ont demandé au cabaret le bien-être qu'ils ne trouvaient pas auprès d'une femme acariâtre ou stupide, d'enfants criards, indisciplinés et malpropres, d'un foyer éteint et d'un repas mal préparé.

Il dépend donc des femmes, quand elles ont reçu l'éducation convenable pour cela, de transformer en aisance et en jouissances paisibles et durables pour toute la famille, les égoïstes et stériles dépenses que le mari fait en tabac, en bière, en vin ou en liqueurs, les pertes qu'il fait aux jeux de hasard ou en négligeant le travail pour le cabaret. — Aussi pourra-t-on dire que dans les contrées et aux époques où les hommes ont l'habitude de passer leur temps disponible au café ou au club et d'y fumer et d'y boire beaucoup, c'est que l'éducation des femmes y est fort négligée et que les hommes les considèrent comme des esclaves ou des êtres d'une espèce inférieure à la leur. Or, il n'y a de civilisation véritable et de bien-être réel dans la société, que quand la femme y tient un rang au niveau de celui de l'homme, et qu'elle y a, par conséquent, la pleine jouissance de sa liberté et l'entier respect de sa dignité.

Partout où les femmes occupent dans la société le rang auquel elles ont droit, les mœurs se purifient et s'adoucissent, la critique, l'éloge ou le blâme décernés par les femmes exercent sur les hommes une influence plus profonde que les jugements portés par les personnes de leur propre sexe, et cette influence les porte vers des pensées et des actions plus nobles et plus viriles. Sous l'influence des femmes aussi, le goût du Beau reprend son légitime empire et son action civilisatrice sur les sciences et sur l'industrie. L'histoire de tous les peuples est pleine d'exemples de l'influence bienfaisante exercée par les femmes sur les progrès de la société, et cette vérité n'est pas seulement applicable aux classes les plus aisées, où les facultés de la femme peuvent se développer au plus haut degré, mais aussi et surtout à la classe ouvrière que l'influence des femmes est, plus qu'on ne le pense, appelée à régénérer.

Pour qu'il en soit ainsi, il est évident que la jeune fille qui veut se rendre capable de devenir une bonne ménagère, ne peut aller passer des journées entières à l'atelier, tout au plus pourra-t-elle consacrer au travail rémunéré une demi-journée de 5 à 6 heures, le restant de son temps devant être consacré à son instruction et à s'initier aux fonctions de la mère de famille.

Comment ces fonctions, tout imparfaitement qu'elles soient comprises aujourd'hui, peuvent-elles être remplies par une femme qui, depuis son enfance, a passé toutes ses journées au fond d'une mine, par exemple, à remplir, à traîner ou à vider un waggon de charbon? Comment aura-t-elle appris, le jour où elle quittera son atelier souterrain pour se marier, la manière de conduire un ménage et d'élever des enfants? Elle se lassera bientôt d'un travail auquel elle n'entend rien et dont les résultats ne répondront pas à son attente, l'ennui la saisira, et l'on sait que l'ennui est aussi mauvais conseiller que la faim, et qu'il conduit à tous les désordres.

Il est donc de la plus haute importance que le travail des jeunes filles soit limité comme nous l'avons dit ci-dessus, et que l'instruction et l'éducation prennent pour elles la place du travail lucratif. D'un autre côté, nous avons vu que la femme mariée doit consacrer tout son temps aux soins du ménage et à la première éducation de ses enfants; il lui devient donc impossible de fréquenter l'atelier; si elle n'a pas d'enfants ou si ceux-ci, déjà élevés, n'ont plus besoin de ses soins immédiats, elle pourra consacrer ses loisirs, soit à faire un petit commerce, si le lieu qu'elle habite y est favorable, soit à entreprendre des travaux de sa compétence, tels que des ouvrages à l'aiguille, par exemple, et qui n'exigent pas qu'elle y soit occupée d'une manière assidue.

En se conformant à ce que nous venons d'exposer, les femmes mariées et les jeunes filles qui veulent se préparer aux devoirs qu'impose le mariage, cesseraient donc, ou réduiraient, dans une proportion considérable leur offre de travail rémunéré à la société, il en résulterait aussitôt une hausse assez forte du salaire des femmes, qui seraient obligées de continuer à offrir leur travail, car, ainsi qu'on l'a vu dans le chapitre premier, il suffit d'une faible diminution de l'offre existante pour produire cet effet.

Serait-ce un mal, et cette hausse du salaire des femmes tendrait-elle à produire un enchérissement correspondant de tous les produits créés par ce travail, enchérissement qui serait une perte sèche pour la société et qui retomberait sur les ouvrières, chaque fois qu'elles auraient à acheter elles-mêmes ces produits?

Nous savons que beaucoup de personnes inclinent à répondre affirmativement à cette question, et plus d'un disciple de Fourier, plus d'un économiste même a cherché les moyens d'exonérer la femme de l'obligation de tenir son ménage et d'élever ses enfants, en indiquant parmi ces moyens la vie du Forum, en plein air, les repas pris en commun chez des restaurateurs publics, faisant la cuisine pour tout le monde, les chauffoirs publics pour y passer les soirées d'hiver, l'éducation commune pour tous les enfants, par les crèches, les écoles gardiennes, les lycées, les gymnases, etc., et bien d'autres institutions encore, destinées à diminuer le travail, et spécialement celui des femmes, en obtenant la même somme de satisfactions, ce travail étant ainsi rendu disponible pour la production industrielle.

Nous sommes certainement très partisan de toute

invention, de quelque part qu'elle vienne, qui aurait pour résultat de produire une égale somme de satisfactions avec une moindre quantité de travail, pourvu qu'il nous soit bien prouvé que cette somme de satisfactions n'ait été amoindrie en rien. Or, c'est ce dont nous ne sommes nullement convaincu dans le cas dont il s'agit ici. Les peuples méridionaux peuvent préférer la vie au grand air, sous un ciel toujours bleu, aux douceurs du foyer domestique; leur nature expansive peut s'accommoder de la communauté des repas, de l'éducation, etc., qui multiplie les relations entre individus, enfin, des philosophes, peuvent se passionner pour quelques instants, de ce genre de vie qui leur semble réaliser l'idéal des sociétés antiques, mais les gens du Nord, aux idées plus positives, préfèrent à tout cela les douceurs intimes du chez soi, *of sweet home*, comme le disent d'une manière si expressive les Anglais et les Américains du Nord.

Pour réaliser ce bien-être du for intérieur, il n'est point de travail qui leur coûte, point de peine qui les rebute, et le loisir et l'aisance leur sembleraient trop chèrement achetés au prix du sacrifice de ces habitudes d'intimité.

Heureusement, ce sacrifice n'est pas nécessaire pour le progrès de l'humanité, car le travail n'est jamais perdu quand il trouve sa compensation dans une jouissance, celle-ci ne fût-elle pas évaluable en argent.

Nous répondrons donc négativement à la question posée plus haut : Non, la société ne perdra rien, et elle gagnera plutôt à ce que le salaire du travail des femmes soit plus élevé; non, l'élévation de ce salaire n'aura pas pour conséquence nécessaire et inévitable, l'enchérissement des produits du travail féminin qui enlèverait aux femmes, par la consommation, tout ce qu'elles gagneraient de plus par la production.

Cela résulte de ce que, dans l'état actuel des choses, les femmes ne donnent qu'une très faible quantité de travail en échange de leur salaire insuffisant; quelque peu payé qu'il soit, ce travail est donc cher, car on n'y utilise, en général, que les moindres forces des femmes, celles qui résultent de l'emploi de leurs facultés matérielles, tandis qu'on les utiliserait d'une manière beaucoup plus complète et plus fructueuse, si on leur permettait d'y joindre le concours des facultés intellectuelles et morales, ainsi que nous l'avons démontré au chapitre précédent. Or, pour que ces facultés puissent se développer par l'éducation et par l'instruction, il faut précisément que les femmes puissent acquérir le loisir qu'elles nécessitent et couvrir les dépenses qu'elles occasionnent, par un salaire plus élevé.

Il nous paraît donc incontestable, que la production des choses utiles, et par conséquent, le bien-être de tous, aurait beaucoup à gagner à ce que le travail des femmes fût mieux rémunéré; puisque c'est là une condition indispensable pour qu'elles puissent appliquer à ce travail toute leur intelligence, et pour que celle-ci à son tour, soit toujours guidée par un judicieux usage de leurs facultés morales.

Ce n'est pas d'ailleurs, d'une simple question d'intérêt matériel qu'il s'agit ici, mais d'une question bien autrement importante de moralité et de dignité humaine, qui se lie plus intimement qu'on ne le pense à celle de l'équité dans la rémunération du travail (1). *

(1) Ce chapitre était écrit quand nous avons eu connaissance du livre de M. Jules Simon, intitulé : *l'Ouvrière*. Nous sommes heureux de voir l'éminent philosophe-moraliste arriver par ses méditations, à des conclusions à peu près semblables à celles de l'économiste. Le seul point sur lequel nous ne partageons pas entièrement l'opinion de M. Jules Simon c'est en ce que celui-ci admet la nécessité qu'il y a, pour beaucoup de femmes d'ouvriers, de travailler dans des ateliers, pour suppléer, par le produit de ce travail, au salaire insuffisant de leurs maris. Nous ne pouvons admettre cette nécessité, nous croyons qu'au contraire, dans la plupart des cas, l'absence de la femme de son ménage, porte à la famille un préjudice matériel au moins égal à la valeur du salaire qu'elle retire de son travail, sans tenir compte du préjudice moral qui résulte de cette absence, préjudice que M. J. Simon, loin de le contester, dépeint sous les couleurs les plus vives et les plus saisissantes.

Le véritable rôle de la femme dans la société, ne consiste pas tant à fournir directement un travail productif, qu'à bien aménager et à dépenser convenablement le produit du travail de son mari. Pourvoir aux besoins du ménage avec économie et prévoyance, faire régner dans la maison l'ordre, la propreté, le contentement, vaquer aux divers travaux du ménage, préparer l'éducation matérielle et morale de ses enfants, occuper à quelque travail lucratif, exécuté chez elle, le peu de temps qui reste disponible après tout cela, telle est sa tâche réelle, et cette tâche n'est certes pas moindre que celle du mari, et, tout calculé, ce qu'elle crée et conserve de valeurs par ce travail est bien supérieur à ce qu'elle pourrait gagner dans un atelier, même sans porter en compte le bonheur de la famille, la santé, la force d'esprit et du cœur des enfants.

CHAPITRE V

DU TRAVAIL DES ENFANTS

* La question de savoir si l'on doit admettre les enfants à travailler dans les ateliers des manufactures et des mines, et, dans l'affirmative, à quel âge ils peuvent y être appelés et quelle est la durée du travail qui peut leur être imposé, cette question, disons-nous, a été très souvent débattue et controversée à divers titres, et les opinions qui ont reçu la sanction des majorités ont été formulées en lois, sans que l'on remarque beaucoup d'uniformité dans leurs dispositions, chez tous les peuples qui les ont adoptées. On observe même que ces lois, peu soutenues par l'opinion publique, reçoivent assez rarement une sanction bien énergique, que les magistrats, chargés de veiller à leur exécution, ne mettent pas à ce soin une vigilance ni une sévérité excessives. C'est, qu'en effet, ces lois rencontrent dans leur application deux obstacles très sérieux, l'autorité paternelle et l'inviolabilité du domicile.

En ce qui concerne le premier de ces obstacles, l'autorité paternelle, nos légistes sont beaucoup trop disposés à regarder la législation romaine comme infaillible. Or, celle-ci admet que l'autorité du père sur son enfant est absolue; l'enfant est la chose du père qui peut en disposer à son gré, et même l'exploiter dans son intérêt, sans autre limite que les dispositions légales en faveur de la liberté humaine en général. Or, une telle autorité n'est plus compatible avec la civilisation actuelle, ni avec le principe de responsabilité, indispensable corollaire de la liberté. Le père contracte, à la naissance de son enfant, l'obligation d'en faire un homme, et, pour cela, il doit non seulement satisfaire les besoins matériels de cet enfant jusqu'à ce qu'il puisse y pourvoir par ses propres efforts, mais il doit encore subvenir à ce que ces efforts soient fructueux, c'est à dire qu'ils soient accomplis par des facultés morales, intellectuelles et matérielles suffisantes; les seuls efforts physiques, non aidés de l'intelligence et d'une certaine force morale, ne suffisant plus aujourd'hui pour faire vivre un homme et lui faire élever une famille sans qu'il dépende d'autrui.

Si le père s'écarte de ses obligations envers son enfant, en le forçant à séjourner et à travailler dans un atelier, au delà de ce qui est compatible avec le développement nécessaire de ses facultés, il incombe à la société de l'y ramener, et de l'y contraindre au besoin, par une pénalité proportionnée à la gravité de l'infraction commise. A cet effet, la loi doit donc déterminer, dans chaque cas particulier, la limite d'efforts et de durée du travail, qui ne doit pas être dépassée.

Le respect du domicile ne nous paraît pas plus que l'autorité paternelle, devoir arrêter l'action de la justice quand elle protége l'enfant contre des attentats à sa liberté et à sa santé. L'atelier où travaillent des ouvriers fait-il bien partie de l'inviolable foyer domestique? Craint-on que des magistrats profitent de la visite qu'ils font à l'atelier, dans le but de vérifier la conduite du patron à l'égard des enfants employés chez lui, pour lui dérober des secrets de fabrique? Ces secrets sont-ils bien garantis d'ailleurs quand ils sont mis en pratique par des enfants, ou devant ceux-ci? En tous cas, la loi qui autorise la visite domicilière, dans des formes légales, en cas de séquestration et de sévices, ne peut-elle être appliquée à la réclusion trop prolongée et au travail forcé imposé au jeune ouvrier (1)?

L'intérêt du fabricant lui-même ne doit-il pas l'engager, d'ailleurs, à faciliter ces visites à son atelier, à les provoquer même, afin d'échapper à tout reproche de la part du public, d'exercer un odieux abus d'autorité sur les enfants qui travaillent chez lui?

Une telle tyrannie serait d'ailleurs loin de se concilier avec l'intérêt véritable du patron, qui est de former chez lui une pépinière d'ouvriers honnêtes, intelligents et robustes. Or, un excès de travail

(1) Cette délicate question a été traitée avec beaucoup de talent, par M. E. de Molinari, dans un article intitulé : *De la séquestration dans les couvents et du droit de correction dans les pensionnats.* Revue trimestrielle, 8e année, tome II.

imposé à un enfant, ne nuit pas seulement à sa santé et à son développement physique, mais bien plus encore à son développement intellectuel et moral, car l'enfant condamné au silence, à la réclusion, à la privation des plaisirs de son âge s'abêtit et s'idiotise, et cette même privation, jointe à son état maladif et à la gêne qu'éprouve son développement physique, le rend craintif, dissimulé et méchant.

Le fabricant qui négligerait son intérêt dans l'avenir, c'est à dire son intérêt permanent, pour économiser quelques centimes par jour sur le salaire des enfants, en les faisant travailler au delà de leurs forces, serait donc puni en se formant une génération d'ouvriers débiles, inintelligents et malicieux, qui ne lui donneraient jamais, en retour de leur salaire, qu'un travail faible et de mauvaise qualité, et le forceraient à exercer continuellement sur eux une surveillance coûteuse et gênante, afin d'éviter leurs bévues ou les effets de leur mauvais vouloir.

Nous croyons que la loi ne doit fixer qu'avec une circonspection extrême, la limite d'âge au dessous de laquelle les enfants ne pourront être admis dans les ateliers. Il est des professions difficiles auxquelles l'ouvrier doit être initié de bonne heure pour y devenir habile; il en est dans lesquelles le travail confié aux enfants n'occasionne aucune fatigue, si ce n'est celle que donne une attention soutenue à la marche de quelques opérations. Dans ce cas, faire entrer l'enfant de bonne heure à l'atelier, c'est l'initier non seulement aux travaux de sa future profession, mais encore aux mœurs et aux habitudes propres à celle-ci, et dont la pratique constitue le bon ouvrier.

Un autre avantage de cette initiation précoce, c'est de préserver l'enfant de l'habitude de vagabondage dans les rues ou dans les champs, et de la fainéantise, habitudes dont ils auraient beaucoup de peine à se défaire plus tard.

Ce qui doit fixer, selon nous, l'attention du législateur, du fabricant et du père de famille, bien plus que l'âge auquel l'enfant pourra entrer à l'atelier, c'est la durée du séjour quotidien qu'il y fera, la manière dont ce temps sera distribué, et la nature du travail qu'il devra exécuter.

Le temps que l'enfant doit passer à l'atelier doit être assez limité, pour lui permettre de recevoir de ses parents, et chez lui, l'éducation domestique, indispensable complément de l'instruction morale, pour recevoir à l'école cette instruction morale et le développement intellectuel, enfin pour se fortifier le corps par quelque exercice gymnastique, accompli de préférence au grand air.

On voit qu'après le prélèvement du temps nécessaire à tout cela, il ne reste pas un grand nombre d'heures disponibles pour le travail de l'atelier. Celles-ci doivent encore être divisées au moins en deux séances alternant avec l'étude, les jeux et les repas, de manière à diversifier autant que possible les occupations de l'enfant.

Nous ne croyons pas la fameuse théorie du « Travail attrayant » de Fourier, applicable aux travailleurs adultes, elle contreviendrait au principe bien plus important de la division du travail; mais cette théorie peut, jusqu'à un certain point, s'appliquer aux enfants, qui ne s'instruisent jamais mieux qu'en s'amusant. Si cet amusement ne peut pas toujours se concilier avec l'instruction intellectuelle ou professionnelle, au moins faut-il constamment avoir grand soin d'y éviter l'ennui et la fatigue mentale, aussi bien que celle du corps.

Comme les heures de travail des ouvriers adultes et des machines ne peuvent être réglées d'après les courtes séances des enfants, il convient de diviser ceux-ci en autant de brigades qu'il y a de séances dans la journée ou la demi-journée du travail de l'atelier, l'une de ces brigades étant à la maison paternelle, à la promenade ou à l'école, pendant que l'autre est à l'atelier. Dans tous les cas, le travail de nuit devrait être absolument interdit aux enfants, comme contraire à leur santé et à leur développement physique. Les séances deviendraient plus longues à mesure que les enfants avanceraient en âge, et celles de l'école seraient organisées de de manière à coïncider avec les intervalles de celles de l'atelier.

Cette combinaison qui ne nous semble pas devoir soulever de grandes difficultés dans la pratique, concilierait l'intérêt des enfants avec celui des patrons, et se prêterait, par les subdivisions dont elle est susceptible, aux exigences diverses du travail et de l'âge des enfants. *

CHAPITRE VI

INFLUENCE DU PRIX DES MOYENS D'EXISTENCE SUR LES SALAIRES

Il est une opinion qui a beaucoup de partisans, et qui s'appuie sur l'autorité, faussement interprétée, des grands économistes : que le salaire des ouvriers se proportionne au prix des choses nécessaires à leur existence.

C'est encore là une de ces vérités partielles et relatives que l'on a trop souvent tort d'admettre comme générales et absolues, ne fût-ce que pour s'épargner la peine de rechercher comment elles peuvent être modifiées dans chaque cas particulier.

Aucune erreur complète n'a jamais été plus préjudiciable à la classe laborieuse que cette demi-vérité, car on s'est hâté d'en conclure qu'il est fort indifférent pour l'ouvrier que les choses nécessaires à la vie soient chères ou à bas prix, puisque son salaire s'élève et s'abaisse dans la même proportion que ces choses, d'où justification de tous les monopoles, de toutes les spoliations, de toutes les mesures législatives qui ont pour effet de faire enchérir artificiellement ces prix.

Une analyse attentive de l'influence qu'exerce une variation du prix des choses nécessaires sur le bien-être de l'ouvrier, nous prouvera que cette influence est fort complexe, et qu'il est facile, pour l'observateur superficiel, d'en négliger une partie ou de n'en pas comprendre toute la portée.

Examinons, par exemple, quel est l'effet produit par une hausse un peu forte des denrées alimentaires, le principal objet de consommation de l'ouvrier.

Cette hausse est promptement suivie d'une baisse générale du taux des salaires. En voici les motifs :

L'enchérissement des denrées alimentaires a pour cause une récolte insuffisante, qui réagit d'abord sur le salaire de l'ouvrier des campagnes, car il est évident qu'il faut moins de main-d'œuvre pour moissonner, battre, transporter et transformer une demi-récolte qu'une récolte entière, et que le nombre des ouvriers n'en étant pas diminué, ce sera le salaire qui baissera.

Puis, chacun, devant acheter ses denrées alimentaires plus cher, aura une moindre portion de revenu disponible pour se procurer d'autres produits ou pour satisfaire d'autres besoins. Le déficit de la récolte agit donc sur les masses de la même façon qu'une diminution du revenu général. On achète donc moins de marchandises, et la production se mettant bientôt au niveau de la demande, se ralentit, des ouvriers sont renvoyés, d'où résulte la baisse générale des salaires.

Une disette, ou la cherté des denrées alimentaires, est donc une double calamité pour l'ouvrier, car elle diminue son salaire ou son revenu en argent, et elle amoindrit en même temps la quantité d'aliments qu'il aurait pu acheter, si son salaire était demeuré le même.

Comment pourrait-il en être autrement? N'est-il pas évident, *à priori*, que la masse des richesses produites dans une année par le travail aidé du concours de la nature venant à être diminuée par le manque partiel de ce concours, la somme des satisfactions dont la société peut jouir en retour de son travail sera diminuée aussi, sans qu'aucune des classes dont celle-ci se compose, pas plus la classe ouvrière qu'une autre, puisse se soustraire à cette calamité générale?

Il est bien vrai, au moins à l'origine, que tous les autres objets de consommation baissent de prix par suite de la moindre demande qui s'en fait, mais qu'importe à l'ouvrier cette baisse dont il ne peut profiter que dans une mesure tout à fait insignifiante? Peut-il songer à l'achat de produits manufacturés, quand son salaire suffit à peine à lui procurer du pain?

Il est certain que si la cherté du blé se prolonge, le salaire finit par hausser; mais au prix de combien de douleurs et de sacrifices pour l'ouvrier cette hausse sera-t-elle obtenue? Et celle-ci sera-t-elle exactement proportionnée à l'enchérissement des denrées alimentaires?

C'est ce qu'il importe d'examiner avec d'autant

plus de soin qu'il est assez d'usage d'affirmer à la légère que cette hausse des salaires ne tarde pas à suivre celle des denrées, sans qu'il en résulte dans la société ni perturbations ni souffrances.

Funeste et impitoyable erreur!

Le taux des salaires ne se remet au niveau du prix des subsistances (si tant est que ce niveau soit atteint) que quand la misère, les souffrances, les épidémies, le crime peut-être ont détruit une partie de la population ouvrière. C'est ainsi, et ainsi seulement, que l'équilibre se rétablit entre l'offre et la demande du travail.

Mais pendant cette lutte que l'ouvrier cherche à prolonger le plus longtemps possible avant de succomber, et dans laquelle il est aidé par la charité, qui ne suffit le plus souvent qu'à prolonger son agonie, quelles souffrances!

La misère engendre la paresse, la malpropreté, l'insouciance et l'imprévoyance; l'excès du travail en même temps que la perte des forces; le désir d'oublier ses peines, de s'étourdir sur un avenir effrayant, qui amène l'ivrognerie; le besoin d'adoucir son sort soit par quelques éphémères jouissances, les excès et la débauche, dont les conséquences sont l'hébêtement, la croyance au fatalisme, l'esprit d'inertie, la haine aux riches, l'excitation au crime.

Les mariages, et partant les naissances, diminuent; les hôpitaux, les hospices, les prisons, les bagnes et finalement les tombeaux, se peuplent; les mieux avisés, les plus courageux parmi les ouvriers, ceux qui n'ont pas encore épuisé leurs dernières ressources, émigrent; c'est après toute cette période de misère et d'indicibles souffrances que l'offre du travail se proportionne de nouveau à la demande; mais osera-t-on dire que c'est aux mêmes conditions qu'avant la cherté, et que le sort de l'ouvrier est redevenu ce qu'il était jadis?

Pour cela, il faudrait perdre de vue la pernicieuse influence exercée sur lui par une longue période de misère : abruti dans ses facultés morales et intellectuelles, affaibli physiquement, dégénéré sous tous les rapports si cette misère s'est appesantie depuis longtemps sur sa race, il ne peut plus offrir qu'un travail inintelligent et médiocre; sa conduite et son assiduité ont besoin d'une continuelle surveillance, car il est devenu indolent, lâche et sans souci de sa dignité. Son travail ne vaut donc plus autant qu'autrefois, pourquoi le payerait-on de même?

D'ailleurs, il accepte comme une faveur le salaire minime qu'on lui offre, car l'énergie, la dignité, *le temps d'attendre*, lui manquent pour amener ce salaire, par un débat avec son patron, à être la complète et juste rémunération de son travail. Habitué aux privations, il se contente de peu, et il accepte la paye qu'autrefois il eût repoussée comme insuffisante.

Mais ce n'est pas l'ouvrier seul qui souffre de cet état de choses, car quand il survit, affaibli moralement et physiquement, à tous ceux que la misère a entraînés dans la tombe, on lui paye un salaire dont le taux est bien plutôt déterminé par l'offre raréfiée du travail que par son utilité réelle.

Il peut arriver alors, et nous croyons qu'il arrive souvent, que le salaire qu'obtient l'ouvrier, quelque minime qu'il soit, vaut plus que le travail qu'il exécute, comparé à celui que donnerait un homme robuste et intelligent, même mieux payé. L'entrepreneur qui l'emploie, payant la main-d'œuvre plus cher, est obligé d'élever dans le même rapport le prix de vente de ses produits, et le consommateur, c'est à dire toute la société, l'ouvrier compris, subit une perte qui est une nouvelle cause de gêne et de privations.

On le voit donc, la misère tend à engendrer la misère. C'est un avertissement donné à la société, de ne jamais la laisser naître, ou, si déjà elle existe, de ne négliger aucun effort utile pour l'extirper.

Cela est d'autant plus nécessaire que la société ne peut pas ici se renfermer dans un sordide égoïsme, et fermer les yeux sur les souffrances de la classe ouvrière ; ces souffrances sont contagieuses, car l'immoralité née de la misère se propage jusque dans les classes élevées ; les maladies épidémiques qu'elle engendre n'épargnent pas plus le riche que le pauvre ; la mauvaise qualité du travail produit la cherté de toutes choses, et enfin, quand l'ouvrier, aveuglé sur ses véritables intérêts, ou cédant à des suggestions perfides, cherche à mettre un terme à sa misère par l'emploi de la violence, c'est la société entière qui est en péril.

Il est aisé de se figurer, d'après ce qui précède, l'influence que doit exercer, sur le bien-être de la classe ouvrière, le bas prix des moyens de subsistance, lorsque la durée du bon marché est suffisamment longue. L'ouvrier en profite d'abord comme consommateur : avec le même salaire il est mieux nourri, ou il peut consacrer une plus forte part de son revenu à se procurer d'autres satisfactions. La même cause agit de la même façon sur la population entière, qui a, par suite, un excédant de revenu disponible pour l'achat d'autres produits, dont la création en plus grande abondance, exigeant plus de travail, fait hausser le salaire et affecte le bien-être de l'ouvrier en sa qualité de producteur.

Celui-ci est donc doublement riche dans ce cas, mais on prétend que ce bien-être ne peut être de longue durée pour lui; on dit que bientôt son salaire s'abaisse au niveau du prix des subsistances, l'effet du bon marché de celles-ci étant de faire croître la population ouvrière à la fois par l'augmentation du nombre des naissances et par la diminution du nombre des décès. Tout en accordant que les choses se passent ainsi jusqu'à un certain point, nous trouvons qu'il n'est pas exact de prétendre que tout le revenu de l'ouvrier est absorbé par les dépenses qu'exige l'accroissement de sa famille ; il est certain qu'il fait quelques épargnes, qu'il s'habitue à une vie plus aisée, que ses forces s'accroissent par une nourriture plus abondante et plus saine, par des vêtements et un logement plus confortables et plus propres, et enfin par l'absence du souci de l'avenir. Ces circonstances sont aussi très favorables au développement de ses facultés intellectuelles et à l'amélioration de ses qualités morales.

N'est-il pas évident, en même temps, qu'il doit en résulter, de sa part, un travail plus puissant, plus intelligent, plus régulier, plus soutenu, ayant par conséquent une plus grande valeur réelle, et qu'il parvient à se faire accorder ce surcroît de valeur dans son salaire, au moins en partie, même quand le nombre de ses concurrents s'est accru, parce qu'il est moins dépendant du patron, à cause des épargnes dont il dispose, du sentiment de dignité qu'il a acquis et qui ne lui permet plus de descendre d'un degré l'échelle sociale.

La persistance du bon marché des denrées alimentaires et des autres choses nécessaires à la vie, améliore donc la qualité du travail de l'ouvrier en même temps qu'elle tend à en accroître la quantité. La concurrence des ouvriers entre eux, qui en résulte, ne leur permet pas de réaliser en entier, par la hausse du salaire, l'avantage dû à cette amélioration de la qualité de leur travail, mais quoique la rémunération de celui-ci baisse, elle ne retombe plus aussi bas, relativement au prix des moyens d'existence, qu'avant la baisse de ce prix.

Il convient aussi de ne pas perdre de vue que ce que l'ouvrier perd, comme producteur, par la concurrence de ses pareils, il le regagne, comme consommateur, chaque fois qu'il achète des produits que le bas prix de la main-d'œuvre (celui-ci, nous l'avons vu, n'est nullement incompatible avec des salaires élevés) rend à meilleur marché.

On le voit donc; de même que le haut prix des denrées est une calamité qui frappe doublement l'ouvrier, qui l'atteint encore, même lorsque son salaire s'est, en apparence, remis au niveau de ce prix, et qui retombe sur la société entière parce qu'elle se résume en une *perte de travail sans compensation*,—de même le bas prix permanent et assuré de ces denrées est un double avantage pour l'ouvrier, avantage qui dure encore quand déjà son salaire s'est abaissé et qui réagit favorablement sur tout le monde, car le travail, et par conséquent ce qu'il produit, est alors à bon marché (1).

* En résumé l'ouvrier peut user de deux manières du surcroît de revenu que lui procure cet avantage, il peut s'en servir pour accroître sa famille ou pour augmenter son aisance, ou le plus souvent, il divisera ce surcroît en deux parts, dont l'une recevra la première de ces destinations, l'autre la seconde. Selon son degré de civilisation et par conséquent de prévoyance, la seconde part l'emportera sur la première, ou celle-ci sera prédominante. Ainsi la population ignorante de l'Irlande et des Flandres s'est accrue à mesure que les pommes de terre leur fournissaient un aliment moins coûteux que les céréales, et leur bien-être s'en est plutôt trouvé diminué qu'accru, tandis qu'en d'autres contrées, telles que

(1) L'accroissement des salaires et le bien-être de la classe ouvrière, qui, en Angleterre, ont été le résultat de la réforme douanière et de l'abrogation des lois-céréales, sont une confirmation éclatante de la théorie que nous venons d'exposer.

On peut consulter, pour connaître dans toute leur étendue les résultats de ces réformes, l'ouvrage anglais intitulé *The Charter of nations*, par M. Dunckley. Les principales conclusions de ce consciencieux travail ont été résumées par M. Auguste Couvreur, dans un discours prononcé à Verviers, devant l'assemblée tenue par l'Association belge pour la réforme douanière, le 19 avril 1857. Ce discours a été publié dans l'*Économiste belge* du 1er mai 1857, supplément.

certaines parties de la Belgique, la Suisse, les États-Unis d'Amérique, etc., l'accroissement de la population résultant de causes analogues a été comparativement plus lente, en même temps que le progrès de la classe ouvrière dans la voie du bien-être et de la dignité, a été beaucoup plus rapide. On peut conclure de ceci, que là où l'aisance de la classe ouvrière suit une marche progressive, cela résulte de ce que cette classe consacre une plus forte portion de l'accroissement de son revenu à l'amélioration morale et matérielle de sa position qu'à son accroissement numérique *.

Que faut-il pour assurer à la classe laborieuse, ou mieux, à toute la société, ce précieux avantage? Faut-il, pour cela recourir à des mesures législatives ou administratives nombreuses et compliquées; faut-il, comme le voulait, J.-J. Rousseau, modifier la nature humaine?

Nullement. Il suffit, pour atteindre ce résultat, que la société garantisse efficacement à tous le droit de propriété sans lequel il n'est pas de bonne culture possible, et qu'elle fasse respecter la liberté du travail, et la liberté des échanges qui en est l'indispensable corollaire. Ces droits acquis, la société peut s'en rapporter à l'intérêt personnel de chacun et à la concurrence de tous, du soin d'assurer au monde entier un approvisionnement abondant et régulier de denrées alimentaires et de tous les autres objets de consommation usuelle.

CHAPITRE VII

INFLUENCE EXERCÉE SUR LE SALAIRE PAR LE CAPITAL

* Le *Capital* voilà un mot dont chacun se sert et auquel peu de personnes savent donner une signification précise. Depuis quelques années, des hommes qui n'avaient sur le capital et ses fonctions que des notions très incomplètes et très inexactes, se sont efforcés de le représenter aux travailleurs comme une espèce de monstre féroce, doué d'une force prodigieuse, dont il se sert uniquement pour tyranniser, pour opprimer et surtout pour dépouiller les ouvriers. Ce monstre, disent encore ces hommes ne pourra être vaincu que par « une bonne révolution sociale » à la suite de laquelle il sera garrotté et bâillonné par le peuple, afin de le mettre hors d'état de lui nuire.

Hélas! combien ces gens se trompent et combien de dangereuses erreurs ils propagent. Le capital est au contraire un être essentiellement inoffensif et doux, qui répand sans cesse sur l'humanité entière d'incommensurables bienfaits, mais qui, craintif comme le lézard, disparaît et se cache dans quelque trou invisible dès qu'on l'effraie, dès surtout qu'il croit apercevoir l'ombre de cette « bonne révolution sociale » dont on le menace si souvent. Alors, dès qu'il a disparu, sa place est occupée par le hideux chômage, accompagné de ses terribles acolytes, la Misère et la Faim.

Mais, quittons ce langage métaphorique, qui convient peu à une œuvre sérieuse, et tâchons de donner une définition exacte du capital et du rôle qu'il est appelé à remplir dans la société. « Le capital, dans son acception la plus large, c'est l'ensemble des choses destinées à aider l'homme dans la production de tout ce qui sert à la satisfaction de ses besoins. » Le capital comprend donc ce qu'a coûté la découverte et l'appropriation de la terre, des mines, des chutes d'eau et des autres forces de la nature, que l'on désigne sous le nom « d'agents naturels ; » les travaux de défrichement et de fertilisation du sol, les travaux préparatoires à l'exploitation des mines, les constructions, les bâtiments, machines, appareils et outils de tous les genres d'industrie, les routes et les voies navigables du commerce et ses appareils d'exploitation, ports, navires, stations, magasins, voitures, locomotives, etc., les matériaux à élaborer ou à transporter par ces industries et ce commerce, les approvisionnements, les fonds destinés au payement du salaire des ouvriers, les marchandises en vente dans les magasins, etc., telles sont les principales formes matérielles du capital. Mais, le capital est loin d'être compris tout entier sous cette seule forme matérielle, il occupe aussi un domaine plus élevé, celui de l'intelligence. Sous ce rapport, il se compose de l'immense accumulation des connaissances humaines, du travail jamais interrompu, de la génération présente et de toutes celles qui l'ont précédée depuis l'origine de l'humanité, la probité, l'activité, la possession de soi ou l'empire exercé sur les passions, la sociabilité, la charité, etc., de toutes les lois, les coutumes et les institutions qui sont les conséquences de la culture morale de l'homme, accumulées aussi de génération en génération, depuis qu'il s'occupe de cette culture.

Cette énumération des éléments dont se compose le capital doit suffire pour en faire comprendre toute l'importance, pour faire comprendre aussi quels désastres incalculables seraient la conséquence de la destruction, ou même de la paralysie momentanée de ce puissant et indispensable auxiliaire de l'homme. Enfin elle doit faire comprendre encore, combien chacun est intéressé à la conservation et à l'accroissement de ce précieux instrument de bien-être et de liberté. A un point de vue plus restreint, on peut définir un capital : une accumulation des produits du travail, destinée à faciliter une production nouvelle.

Cette accumulation peut d'ailleurs consister en objets matériels, tels que des instruments, des matériaux destinés à être élaborés, ou des provisions au moyen desquelles le travailleur peut subsister en attendant le résultat de son labeur, ou bien en choses immatérielles, telles que l'aptitude à un travail productif, acquise par l'éducation ou l'apprentissage, qui est aussi un travail dont les résultats s'accumulent dans celui qui l'accomplit, ou même en de bonnes habitudes morales, acquises par une série d'efforts qui n'ont pas reçu de récompense immédiate, mais qui ont aussi pour résultat de rendre le travail plus aisé ou plus fructueux. Ce qui distingue donc essentiellement le capital d'une épargne quelconque, c'est l'usage productif auquel il est destiné.

On voit par la définition qui précède, qu'il est peu d'êtres humains au monde, si pauvres et si mal doués qu'ils soient, qui ne possèdent au moins un petit capital, sous forme d'outils ou de provisions, sous forme d'aptitude à un genre quelconque de travail, pourvu qu'il exige un peu d'intelligence, enfin sous forme de facultés morales, telles que la probité, la persévérance, l'activité, etc., on voit aussi que dès que l'homme possède un capital, quelque minime qu'il soit, qui rende son travail plus fructueux, il lui est presque toujours possible d'accroître ce capital par son intelligence et son énergie.

Pourquoi donc ces absurdes déclamations contre le capital et les capitalistes, que l'ouvrier se montre si souvent disposé à admettre, comme vraies, puisque le rôle du capital est toujours bienfaisant, et que tout ouvrier est capitaliste dans une certaine mesure ou peut aspirer à l'être? On voit combien peu elles sont fondées.

Si l'on devait détruire le capital, ou bannir les capitalistes, par où commencerait-on et où cela devrait-il s'arrêter? On voit facilement quels sont ceux qui perdraient à ce qu'une telle iniquité fût commise, mais il n'est pas aussi aisé de voir qui y gagnerait.

Sachant maintenant ce que c'est que le capital, il reste à examiner comment il agit comme auxiliaire du travail et quels sont les résultats de sa coopération. C'est ce que nous allons essayer de montrer par un exemple.

Un pauvre ouvrier, moitié bûcheron, moitié menuisier, n'avait pour tout instrument qu'une hache, qu'il maniait avec dextérité et activité, et cependant en confectionnant des meubles grossiers et des instruments aratoires pour les gens du petit village qu'il habitait, il avait de la peine à gagner la subsistance de sa famille en travaillant douze heures par jour. Appelé à la ville voisine par quelque affaire, il y remarqua des menuisiers façonnant de jolis meubles avec facilité, en y mettant beaucoup moins de temps que lui, qui se croyait habile. Mais il remarqua en même temps que ses confrères se servaient d'outils divers, qui simplifiaient singulièrement leur travail, tels que scies, rabots, ciseaux, etc., dont jusqu'alors il avait à peine connu les noms. Il contempla pendant quelque temps la manière de fonctionner de ces outils et s'informa de leur prix. Il fut atterré en apprenant qu'ils valaient une somme bien supérieure à celle qu'il avait jamais eue en sa possession. Cependant en cheminant pour rentrer chez lui, il reprit courage; il se leva chaque jour une heure plus tôt et se coucha une heure plus tard que de coutume; il s'abstint d'aller au cabaret, ce qui lui eût fait perdre du temps et l'eût engagé à dépenser ses épargnes. En continuant d'agir ainsi, en quelques mois il eut gagné de quoi s'acheter les principaux des outils qu'il désirait. Bientôt il sut les manier aussi habilement que sa hache, et alors il gagna autant en une demi-journée que naguère en un jour entier, de sorte qu'il aurait pu se reposer pendant six heures par jour sans dommage pour sa famille. Mais il avait acquis une telle habitude d'un travail assidu, qu'il ne lui en coûtait plus rien de le continuer. Aussi, il eut bientôt complété son outillage, augmenté l'aisance de sa famille, envoyé ses enfants s'instruire à l'école; il acheta même sa maison et un petit coin de terre sur ses économies, et lorsqu'il mourut à un âge avancé, honoré dans tout le pays, il eut la satisfaction de laisser à chacun de ses enfants un capital en connaissances acquises et en outils de leur profession, suffisant pour les garantir de la misère.

Voilà donc ce que peut produire le capital entre les mains de celui qui sait le faire valoir par son activité et son économie; mais aussi ces qualités sont-elles indispensables pour cela, car à peine aurait-on donné gratuitement un capital semblable à un ouvrier paresseux et dissipé, qu'il l'aurait gaspillé ou laissé périr faute de soin et d'activité.

C'est ainsi que l'on voit souvent les grandes fortunes amassées par des gens intelligents, actifs et économes, être dissipées par leurs enfants, s'ils ont cru pouvoir se dispenser d'inculquer à ceux-ci les mêmes habitudes, nécessaires pour conserver le capital comme pour l'acquérir.

L'ouvrier n'est donc pas aussi déshérité de la fortune qu'il le croit généralement, puisqu'il dépend souvent de ses propres efforts de l'acquérir pour lui et pour ses enfants, tandis que l'on voit fréquemment des familles riches déchoir et les descendants reprendre rang dans la classe des ouvriers d'où leurs ancêtres étaient sortis parce que, élevés dans l'aisance, ils ont négligé d'acquérir les habitudes de travail, d'ordre et d'économie, indispensables à la conservation du capital.

Il arrive souvent que le possesseur d'un capital ne sait pas ou ne veut pas le faire valoir lui-même. Alors il en loue l'usage à quelque entrepreneur d'industrie, moyennant une rétribution à laquelle on donne le nom d'intérêt, et qui se proportionne principalement à la durée du prêt et à l'importance du capital prêté, mais qui varie aussi en raison d'autres circonstances, que nous allons examiner.

Afin de se rendre un compte exact de ces circonstances, il importe essentiellement de savoir que l'intérêt se compose de deux éléments distincts, que l'on a trop souvent le tort de confondre : le loyer proprement dit et la prime d'assurance.

Le loyer représente le service rendu par le prêteur à l'emprunteur; le prix de ce service qui est une marchandise, se détermine comme celui de toute autre marchandise, comme celui du travail de l'ouvrier, par le rapport de l'offre à la demande et tend à se rapprocher de ses frais de production. Ceux-ci ne sont pas susceptibles d'une évaluation directe, puisque le même capital peut être prêté indéfiniment, s'il est convenablement entretenu, mais ils se proportionnent cependant à la difficulté plus ou moins grande de former le capital lui-même et à la privation que s'impose son possesseur en s'en séparant pour en laisser la jouissance à autrui.

Le loyer est d'autant plus élevé que le capital est plus rare, d'autant plus bas que celui-ci est plus abondant; l'ouvrier louera donc les instruments dont il se servira à un prix d'autant moins élevé qu'ils s'offriront en plus grand nombre : il est donc intéressé, autant que le propriétaire lui-même, à leur conservation et à leur multiplication. Loin donc d'applaudir aux folles prodigalités ou aux dépenses de pure ostentation du riche, ainsi qu'il le fait si souvent, l'ouvrier doit plutôt désirer voir celui-ci employer son superflu à grossir ses épargnes, qui deviendront une source intarissable de demande pour le travail, et de facilité pour l'obtention des instruments qui en accroissent les résultats.

Voyons maintenant si le capitaliste même en possédant le monopole le plus absolu de son capital, peut en abuser au point de tyranniser le travailleur, ou, ce qui revient au même, de lui enlever indûment une partie des résultats de son travail. Pour cela, nous aurons encore recours à un exemple : plusieurs bûcherons exploitent une forêt, pour convertir les arbres en planches; ils n'ont qu'un seul instrument : la hache, à l'aide de laquelle chaque homme ne parvient à faire qu'une douzaine de planches par jour. Survient le propriétaire d'une scie, qui offre aux bûcherons l'usage de son instrument, qu'il cèdera à celui qui lui offrira en retour le plus grand nombre de planches par chaque jour d'usage, l'expérience indiquant que, par son aide, un homme peut faire vingt-quatre planches pendant une journée. Pour obtenir la préférence chaque bûcheron offre un peu plus que ses rivaux, mais le plus offrant s'arrête à onze planches par jour. A ce prix, il obtient l'usage de la scie et quelque dure que puisse paraître cette condition, le marché n'est pas onéreux pour le bûcheron, qui, par ce moyen, obtient une planche de plus, par jour, que ses confrères.

Mais, plus tard, le propriétaire de la scie ayant voulu abuser de son monopole, en exigeant au delà de douze planches par jour pour l'usage de cet instrument, les bûcherons, malgré leur rivalité refusent unanimement de s'en servir, et c'est alors pour eux comme si la scie n'existait pas, tandis que son propriétaire, pour en tirer parti, est obligé de s'en servir lui-même. Sur ces entrefaites, d'autres propriétaires de scies, attirés par les gros profits que le premier avait obtenus en louant sa scie, se présentent en si grand nombre, qu'ils sont obligés de se contenter, pour la location de leurs scies, du prix d'une planche par jour que les bûcherons consentent à leur offrir.

Il résulte de cet exemple, que le capitaliste ne peut jamais obtenir de son capital un loyer plus élevé que la part due à la coopération de ce capital dans la production, et par conséquent qu'il ne peut pas empiéter indûment sur la part du travailleur, et d'un autre côté, que plus les prétentions du capitaliste sur le loyer de son capital sont excessives, plus elles lui suscitent la concurrence des autres capitalistes, concurrence dont le résultat définitif est d'abaisser le taux du loyer de leurs capitaux à n'être plus que la juste et exacte rémunération du service rendu par ceux-ci.

Le second élément de l'intérêt des capitaux prêtés, est, comme on l'a vu plus haut, la prime d'assurance, qui sert de dédommagement au risque couru par le prêteur, de n'être pas remboursé de son capital à l'échéance du prêt, ou de ne l'être que partiellement ou tardivement, ou bien encore après des poursuites désagréables à exercer et onéreuses, enfin de ne pas recevoir l'intérêt lui-même.

La prime se proportionne toujours à l'intensité du risque couru par les capitaux prêtés, soit à cause des circonstances générales qui influent sur la sécurité du prêt, soit à cause du degré de confiance que mérite l'emprunteur. En effet, cette proportionnalité s'établit tout naturellement par l'action du rapport de l'offre à la demande. Cette dernière restant la même, l'offre décroît rapidement dès que le placement du capital présente le moindre danger, d'où résulte nécessairement la hausse du prix du service rendu par le prêt du capital.

Ceci explique comment il se fait que les personnes qui, par leur caractère ou leur position, inspirent peu de confiance aux capitalistes, ne trouvent à emprunter qu'à des conditions extrêmement onéreuses. Il résulte de là, également, que les guerres, les troubles politiques, les crises financières, le mauvais état des récoltes, produisent un effet instantané et souvent très intense sur le taux de l'intérêt.

Enfin, on démontre encore que toutes les personnes qui ont besoin d'emprunter des capitaux sont intéressées à inspirer de la confiance aux capitalistes par leurs capacités morales et intellectuelles et par le bon état de leurs entreprises, et qu'elles sont intéressées en outre à ce que la paix et la sécurité de la société n'éprouvent aucune perturbation.

Enfin, leur intérêt exige donc aussi, que le progrès social qui est à la fois l'effet et la cause de la formation des capitaux, se réalise d'une manière continue et sans ces terribles secousses auxquelles on a donné le nom de révolutions.

Il est essentiel de remarquer, quoique peu de personnes en tiennent compte, que la prime d'assurance, qui, dans beaucoup de cas, forme la majeure partie de l'intérêt, est une perte sèche pour celui qui la paye, sans être un bénéfice pour qui la reçoit ; de sorte qu'en somme, il en résulte une perte absolue pour la société, ou un travail qui demeure sans résultat, et qui est d'autant plus intense que la sécurité générale ou particulière offerte au prêteur est moindre.

On peut donc dire que la prime d'assurance sur le capital prêté est à l'intensité du travail exécuté par la société, ce que le frottement est au travail mécanique d'une machine, c'est-à dire une résistance nuisible qui absorbe une partie plus ou moins considérable de ce travail en pure perte, et qu'il importe de diminuer autant que possible par la bonne organisation de la société ou de la machine.

Nous disons que la prime d'assurance est une perte absolue pour l'emprunteur, car elle n'ajoute rien au service rendu par le capital prêté, ce service restant le même quand la prime d'assurance est nulle, c'est donc entièrement sur le travail de l'emprunteur que celle-ci est prélevée.

Nous disons aussi que la prime d'assurance n'est pas un bénéfice pour le prêteur, car si celui-ci, par l'effet de son habileté à éviter les mauvaises chances, la convertit toute entière en profit pour lui, en compensation, pour d'autres prêteurs mal avisés ou malheureux, elle ne suffit pas à couvrir les pertes, de sorte qu'en moyenne elle n'est que le dédommagement pur et simple des pertes éprouvées par le capital, le nécessaire pour que celui-ci ne soit pas amoindri par le prêt. Que si parfois la prime constitue un faible excédant sur cette exacte compensation, elle n'est encore que la légitime récompense de l'intelligence et de l'activité qu'il a fallu déployer pour écarter du capital prêté le plus de mauvaises chances que possible, travail qui n'eût pas été nécessaire si ce capital avait toujours joui de la plus parfaite sécurité.

Si nous avons bien réussi à exposer dans ce chapitre la vraie théorie du capital et de l'intérêt, on doit pouvoir en tirer la conclusion que l'ouvrier est aussi intéressé que le capitaliste lui-même à la multiplication et à la sécurité des capitaux, puisque ce sont là les conditions qui lui assurent le bas prix du concours de ces énergiques auxiliaires de son travail. Les ouvriers peuvent contribuer directement à l'accroissement du capital, par leurs propres efforts, en travaillant, en épargnant les résultats de leur travail et en appliquant ces épargnes à l'acquisition de connaissances utiles ou d'instruments nouveaux, et indirectement, en aidant leur patron à former ce capital, par leur probité et leur activité. Il n'y a donc nul antagonisme entre l'intérêt de l'ouvrier et celui du capitaliste, puisque l'accroissement du capital a pour conséquence une plus forte demande du travail et partant l'élévation du salaire, d'une part, et d'un autre côté, l'abaissement du prix des objets de consommation, ce prix étant réglé d'après les frais de production, dont l'intérêt des capitaux fait partie intégrante.

L'ouvrier est, plus encore que le capitaliste, intéressé au maintien de la sécurité des capitaux prêtés, car, dès que celle-ci est compromise, il en résulte seulement pour le capitaliste qu'il prélève un dédommagement plus élevé de son risque, tandis que l'ouvrier, sans compensation aucune, doit payer plus cher le concours des instruments qui l'aident dans son travail.

Que de bien-être se réaliserait par les ouvriers, que de maux ils s'épargneraient, s'ils comprenaient bien cette vérité; combien aussi ils repousseraient loin les prédications qui leur représentent le capital comme un tyran et un ennemi, les conseils qui les engagent à détruire ou à épouvanter cet indispensable auxiliaire de la production!

CHAPITRE VIII

INFLUENCE DES MACHINES ET DU PERFECTIONNEMENT DES PROCÉDÉS INDUSTRIELS

Les machines, suivant la belle expression de M. Michel Chevalier, sont des organes nouveaux et d'une force indéfinie que l'homme ajoute à ses organes faibles et imparfaits.

A l'aide des machines, l'homme se procure ce qui doit satisfaire ses besoins avec moins de travail; elles servent donc à accroître son aisance, son bien-être et son loisir, qu'il peut employer au perfectionnement de ses facultés morales et intellectuelles, et, par conséquent, à augmenter, dans une progression toujours croissante, son empire sur la nature et sa puissance.

Chaque machine nouvelle que l'on invente est donc une source de plus de bien-être pour l'humanité, qui, par elle, se trouve affranchie de quelque rude et avilissant labeur matériel, sans être privée de ses résultats. D'où vient alors que chaque invention de ce genre est accueillie par un concert de malédictions, proférées non seulement par la foule ignorante, mais même par des savants et des philanthropes parmi lesquels il est regrettable de devoir ranger Sismondi ?

Cela provient d'une funeste confusion que l'on fait et dont il est difficile de se défendre, entre le *travail* et ses *résultats;* confusion par suite de laquelle on déplore comme une perte pour la société tout travail anéanti ou rendu inutile, même lorsque ses produits lui demeurent acquis.

C'est aussi parce que le premier effet de l'introduction d'une machine nouvelle ou d'un procédé perfectionné dans les arts est de faire renvoyer et de priver momentanément de travail les ouvriers que la machine remplace ou que le procédé rend inutiles. Cet effet se produit dès l'origine de l'invention, les résultats avantageux demeurent cachés ou tardent davantage à se montrer, et lorsqu'ils sont devenus évidents, on en a déjà oublié la cause et on est disposé à les attribuer à des mobiles souvent chimériques.

L'influence de l'introduction de machines nouvelles sur le bien-être de l'ouvrier mérite donc d'être soigneusement étudiée jusque dans ses effets les plus lointains, surtout afin de détruire les fâcheux préjugés qui ont cours à cet égard et qui ont pour tendance d'enrayer le progrès dans une de ses manifestations les plus utiles.

Pour indiquer comment les choses se passent, prenons un exemple simple, mais qui montre l'action des inventions sous son point de vue le moins avantageux; supposons qu'un fabricant, ayant inventé une machine nouvelle ou un procédé perfectionné, qui lui permet de renvoyer neuf ouvriers sur dix qu'il employait dans ses ateliers, ces neuf ouvriers seront privés de travail jusqu'à ce qu'ils aient pu en trouver ailleurs, ce qui n'est pas toujours facile. Nous allons voir cependant que le travail n'est que *déplacé* et non *anéanti*, comme on se le figure communément. En effet, l'inventeur économise chaque jour la valeur des salaires de ses neuf ouvriers renvoyés, puisque les frais de production de ses marchandises sont diminués d'autant, tandis que le prix et les quantités vendues n'ont pas varié. Ce gain vient augmenter son bien-être, et la société en profite, en lui d'abord, pour tout le monde ensuite, comme nous le verrons plus loin. L'inventeur ne peut cependant jouir de cette économie qu'à la condition de la dépenser d'une manière quelconque, c'est à dire en achetant des produits ou des services, et dès lors *il rémunère*, de tout le montant de cette dépense, *un travail nouveau équivalant au travail ancien*, qu'il avait économisé.

Le résultat définitif de l'invention est donc jusqu'ici : neuf ouvriers manquant d'ouvrage, — travail nouveau fourni à neuf ouvriers qui n'en avaient pas, — ce qui se compense, et un revenu nouveau, créé au profit de l'inventeur, sans dommage pour personne, qui est le *produit net* de l'invention, et la récompense anticipée d'un service dont toute l'humanité sera appelée à jouir plus tard.

Bientôt, en effet, ce profit dont l'inventeur jouit désormais sans peine, appelle l'attention et excite la convoitise du public; d'autres inventeurs de procédés ou de machines surgissent sous l'appât de ce stimulant, et parviennent à obtenir des résultats analogues à ceux de la première invention, ou bien des capitalistes peuvent s'entendre avec l'inventeur pour partager les profits de sa découverte en étendant ses applications; enfin, l'inventeur lui-même peut être tenté, et il le sera presque toujours, d'accroître son gain en multipliant ses produits. De chacune de ces circonstances, qui peuvent se réaliser toutes à la fois, il résulte plus de marchandises offertes en marché, et comme il n'y a aucun motif pour que les consommateurs se soient enrichis ou aient augmenté en nombre, cet accroissement de l'offre, non suivi d'un accroissement correspondant de la demande, doit amener la baisse du prix, et comme le bénéfice résultant de l'invention est très grand, cette baisse peut être assez forte sans réduire les profits de la fabrication au dessous ou même au niveau de ceux qui se réalisent dans toute autre industrie soumise à la concurrence. Dès ce moment, l'avantage de l'invention est tout entier acquis au public, sans être cependant (quoique ceci puisse paraître contradictoire) entièrement ravi au producteur; car il faut remarquer (1) qu'à mesure qu'un produit baisse de

(1) La démonstration de ce fait est très bien établie dans le *Cours d'économie politique* de M. G. de Molinari, 1re partie, 5e leçon : *le Prix*, p. 93 et suivantes.

prix, sa consommation augmente ordinairement dans une progression beaucoup plus forte que cette baisse, de telle sorte que, quoique le profit sur l'unité vendue soit diminué pour le producteur, comme ce profit, multiplié par un nombre d'unités qui a augmenté plus que le prix n'a diminué, constitue son revenu, celui-ci peut s'être accru quoique le consommateur y ait gagné en même temps, soit plus de satisfaction pour une même dépense, soit une même satisfaction pour une moindre dépense, le nombre des consommateurs, dans ce dernier cas, ayant augmenté.

D'ordinaire, les deux résultats s'obtiennent simultanément; un certain nombre de consommateurs augmentent leurs achats de la marchandise qui a diminué de prix; d'autres emploient à des dépenses d'une nature différente l'économie que cette baisse de prix leur fait réaliser; d'autres enfin, qui ne pouvaient acheter ce produit quand il était cher, trouvent qu'ils pourront en jouir aussi, en faisant quelques efforts de plus pour gagner de quoi l'acheter; on voit par là que le bon marché d'un produit est un stimulant pour la création de tous les autres.

En définitive, l'économie réalisée par la société à cause de la baisse de prix du produit perfectionné, accroît en réalité son revenu, dont une plus forte partie devient donc disponible pour acheter autre chose, c'est à dire pour rémunérer une nouvelle quantité de travail.

Cet accroissement de la demande a évidemment pour résultat d'élever le taux des salaires, et par conséquent d'être avantageux à la classe ouvrière, qui profite, en outre, comme consommatrice, du bon marché engendré par les machines. Celles-ci donc, bien loin d'ôter du travail à l'ouvrier, lui en procurent, et à des conditions plus avantageuses que si elles n'existaient pas.

A ceux qui objecteraient que ce qui précède n'est que de la *théorie* que la *pratique* ne confirmerait pas, nous montrerons l'Angleterre croissant en population et en bien-être par suite des admirables inventions d'Arkwright et de Watt; — nous montrerons les ouvriers employés en plus grand nombre et mieux payés dans les contrées où il y a beaucoup de machines que dans celles où il n'en existe point; nous les prierons de comparer le Hainaut et la province de Liége avec la Flandre occidentale et le Limbourg; l'Angleterre avec l'Espagne, etc.

Comment pourrait-il en être autrement, d'ailleurs, puisque les machines, comme nous venons de le démontrer, n'ôtent pas le travail à l'ouvrier et donnent cependant gratuitement à la société, et à l'ouvrier lui-même, les produits d'un travail égal aux efforts humains qui ont été supprimés?

Remarquons encore ici que l'action exercée par les machines sur le revenu de l'ouvrier est double. Celui-ci gagne, comme consommateur, au bon marché de produits créés à l'aide des forces gratuites de la nature; comme producteur, il profite de la demande de travail que produit l'épargne du revenu social dû à ce même bon marché.

Mais on n'aurait qu'une idée imparfaite du bien

engendré par les machines si l'on croyait que celui-ci se borne aux avantages purement matériels. En affranchissant l'ouvrier des travaux corporels les plus pénibles et les plus dégradants, en lui donnant du loisir — puisqu'elles travaillent pour lui, — elles le font gagner en dignité et lui permettent de développer ses facultés morales et intellectuelles. Non seulement elles lui *permettent* ce développement qui, sans leur concours, serait impossible, mais elles l'y *obligent* en quelque sorte, en se chargeant pour lui de toutes les occupations matérielles.

Pour se convaincre de cette influence bienfaisante des machines, il suffit de mettre en parallèle, le travail presque tout intellectuel de conducteur d'une locomotive qui, sans fatigue, transporte d'immenses fardeaux en franchissant de longues distances avec une grande rapidité — et le pénible et peu fructueux labeur de l'homme qui porte sur le dos une faible charge avec laquelle il avance lentement, pour s'arrêter bientôt, épuisé de fatigue.

Quelle différence aussi, entre le compositeur d'imprimerie d'aujourd'hui, dont le rapide travail, grâce à la machine à imprimer, profite à tout un monde de lecteurs, et le copiste d'autrefois, qui consacrait une partie de son existence à la confection d'un seul livre, lu par un petit nombre de personnes !

Ainsi, grâce aux machines, on obtient un très grand résultat en retour d'un faible effort, tandis que c'est le contraire qui a lieu lorsque l'homme n'a d'autres serviteurs que ses propres organes.

CHAPITRE IX

INFLUENCE DE LA DIVISION DU TRAVAIL

* Les hommes naissent avec des aptitudes très diverses, qui sont diversifiées davantage encore par l'éducation ; mais jamais ces aptitudes n'arriveraient à leur plus haut degré de développement, jamais non plus elles ne seraient complétement utilisées, sans la division du travail. Que l'on se figure, par exemple un savant ; pourra-t-il acquérir beaucoup de science, et, l'ayant acquise, pourra-t-il en tirer un parti utile, s'il est obligé de délaisser, à chaque instant, ses études ou ses travaux, pour se livrer à des occupations manuelles exigeant peu d'intelligence, telles que la culture d'un champ, la préparation de ses aliments, la confection de ses vêtements, etc. ? Tandis que s'il obtient ces services d'autrui, en échange d'une partie des fruits de son propre travail, il peut vouer à celui-ci tout son temps et toute son intelligence, et en obtenir le meilleur résultat.

On voit par l'exemple qui précède, que la division du travail permet le développement plus complet des facultés humaines, et l'utilisation plus étendue des facultés ainsi développées. Un examen plus attentif des avantages résultant de la division du travail montrerait qu'il faut comprendre aussi parmi ceux-ci l'économie dans l'emploi du capital et la facilité de l'application des machines à la production.

Enfin l'exemple cité montre encore que la division du travail implique l'échange, qui, par lui-même, offre aussi des avantages que nous indiquerons dans le chapitre suivant *.

Les résultats que l'homme retire de tous ces avantages, c'est le bon marché des produits créés par le travail divisé; ce bon marché, comme nous l'avons montré dans le chapitre précédent, agit sur le bien-être des ouvriers considérés comme producteurs et comme consommateurs.

Il reste cependant à examiner si ces bienfaits ne sont pas amplement compensés par les inconvénients que l'on reproche à la division du travail, et qui, s'il faut en croire ses détracteurs, sont très graves.

On l'accuse, en effet, de causer la dégradation physique et intellectuelle de l'ouvrier. Quand il est occupé d'un travail sédentaire, exercé ordinairement dans un lieu fermé, le manque d'un mouvement suffisant de toutes les parties du corps et le défaut d'air libre et de soleil, produisent un développement incomplet des organes, l'étiolement, le rachitisme et la débilité.

C'est là, en réalité, le reproche le plus fondé, ou pour mieux dire, le seul reproche que l'on puisse adresser à la division du travail. Mais celle-ci est-elle coupable de la dégénérescence des races dont on l'accuse? Et le mal ne serait-il pas infiniment moindre si, les salaires étant plus élevés et l'aisance plus grande dans les familles d'ouvriers, ceux-ci pouvaient lutter avec plus de succès contre la mauvaise influence du travail sédentaire par une meilleure hygiène, par une nourriture plus fortifiante et par quelques instants d'exercice à l'air libre.

Les patrons comprennent-ils bien aussi leur intérêt lorsqu'ils entassent une multitude d'ouvriers dans des ateliers étroits, mal éclairés et mal ventilés et lorsqu'ils les surchargent de travail en ne leur donnant dans les intervalles qu'un repos insuffisant; c'est là, croyons-nous, une cause bien plus efficace que la division du travail, de l'affaiblissement que l'on remarque chez les ouvriers de certaines manufactures. Si la division du travail était la seule cause de cet affaiblissement, il se ferait remarquer partout où elle est adoptée; or, c'est un fait qui heureusement est loin d'être général (Voir ce que nous avons dit à cet égard au chapitre II).

Le mal physique engendré par la division du travail n'est donc pas aussi considérable qu'on veut le faire croire, puisqu'il est dû en grande partie à d'autres causes, et ce mal n'est pas irremédiable.

* L'ouvrier lui-même oublie aussi que si la division du travail lui procure un accroissement de revenu, en diminuant le prix des objets qu'il con-

somme, en produisant une plus forte demande de ses services et en permettant à plusieurs membres de sa famille de trouver une occupation rémunérée dans les ateliers, elle ne le fait qu'à la condition qu'une partie du loisir qu'elle lui crée soit consacrée par ce travailleur, à remédier par l'exercice corporel ou intellectuel, au repos trop absolu de quelques-uns de ses organes, pendant ses heures de travail dans la fabrique. La plupart des ouvriers, en effet, consacrent à tout autre chose, l'excédant de revenu que leur procure la division du travail, et la concurrence irréfléchie et imprévoyante qu'ils se font entre eux, les force bientôt à renoncer, non seulement au surcroît d'aisance qui est l'effet du travail divisé, mais même aux exercices ou à la diversion que ce genre de travail rend nécessaire pour qu'il soit exempt d'inconvénients *.

La division du travail est moins encore un obstacle au développement intellectuel de l'homme. Pendant longtemps il a été de mode d'exalter l'intelligence et la moralité du sauvage; mais cette intelligence ne se développe en réalité que sous le rapport des facultés nécessaires pour chasser à l'aide d'instruments très imparfaits et pour faire une guerre d'embûches et de ruses, sans science militaire, et sans armes puissantes. Hors de là, le sauvage est un être extrêmement borné, disposé à voir du surnaturel dans les faits les plus simples, et dont la raison est déroutée dès qu'elle doit servir à apprécier autre chose que les faits les plus ordinaires de la vie. En général, nos ouvriers des villes, dont le travail est divisé, montrent une supériorité d'intelligence sur les campagnards dont les occupations varient à chaque instant. Ceci ne peut tenir à une différence de race, puisque la plupart des ouvriers des villes sont des descendants de paysans; cela provient de ce que l'intelligence du campagnard se concentre sur un petit nombre d'objets; son travail corporel et pénible ne facilite pas le développement de l'esprit; enfin, l'isolement dans lequel il vit, son éloignement de tout fait étranger à la vie habituelle, tout cela laissant son esprit dans un perpétuel repos, n'est nullement propre au développement de ses facultés intellectuelles qui, comme celles du corps, n'acquièrent de force que par un exercice constant. L'ouvrier dont le travail est divisé, en acquiert bientôt une telle habitude que ce travail s'accomplit machinalement, sans que son esprit y prenne aucune part; ce dont les tricoteuses nous fournissent un exemple bien connu; dès lors son esprit devient libre et se porte à étudier les objets nombreux et variés que la vie ouvrière des villes fait passer sous ses yeux. De plus, la division du travail implique l'agglomération des travailleurs; l'ouvrier se trouve donc continuellement en contact avec ses semblables, et c'est la facilité qui en résulte d'échanger les pensées qui fait naître celles-ci, car il est à remarquer que l'homme qui ne peut manifester ses pensées, ni par la parole, ni par écrit, ni par des actes, finit par ne plus exercer cette faculté qui lui devient inutile et la perd totalement. Les nombreuses inventions dues à des ouvriers dont le travail est divisé, prouvent d'ailleurs mieux que le raisonnement, toute l'activité dont leur intelligence est susceptible.

Quant à la dépravation morale, qui résulte, dit-on, de la division du travail, nous ne croyons pas non plus qu'elle soit aussi grave qu'on le prétend; cette dépravation nous paraît le résultat d'un manque absolu d'éducation, beaucoup de parents ne se mettant aucunement en peine du développement des facultés morales de leurs enfants ou étant incapables d'y coopérer par l'exemple qui est cependant un des moyens indispensables d'y parvenir. Il ne faut pas oublier que si la dépravation paraît plus forte dans les villes que dans les campagnes, c'est, d'une part, que la tentation à l'immoralité est plus grande dans les premières, et que, d'un autre côté, le vice se cache plus facilement dans les secondes. La sévérité de mœurs et la décence parfaite qui règnent dans certaines villes manufacturières de l'Amérique du Nord, notamment à Lowell, montrent d'ailleurs qu'à l'aide d'une éducation convenable les habitudes morales ne sont nullement incompatibles avec la division du travail.

On reproche à cette division de faire baisser le taux du salaire des ouvriers, mais ce reproche résulte d'une confusion malheureusement trop fréquente entre le salaire et le prix coûtant du travail; c'est ce dernier seul qui est diminué par la séparation des occupations. Supposons, en effet, un homme robuste et intelligent ayant un salaire élevé, obligé d'accomplir toutes les phases d'un travail, c'est à dire de transporter et de préparer les matériaux, de les ébaucher, de les assembler et enfin de les terminer : il est évident que dans toute cette série d'opérations diverses, il y en a bon nombre qui peuvent être accomplies par des ouvriers moins forts ou moins habiles que lui, et qu'il y aura économie à confier ces travaux à des ouvriers payés à un moindre prix. La division du travail ne diminue donc en rien le salaire de l'ouvrier habile, mais elle permet l'emploi des moindres aptitudes et donne du travail aux femmes, aux enfants, aux vieillards, aux infirmes, qui, sans elle, seraient demeurés inoccupés et dont l'entretien serait resté à la charge du père de famille seul.

L'économie qui résulte de cet emploi plus complet de toutes les forces de la société et de l'abaissement du prix du travail, équivaut à un accroissement de la richesse sociale, et par conséquent de la demande des bras; elle ne peut donc exercer qu'une influence heureuse sur le taux du salaire.

Nous avons dit plus haut que la division du travail amenait le groupement des industries analogues; toutes, en effet, sont forcées de se réunir là où s'offrent les circonstances favorables à leur développement, parmi lesquelles il faut compter un nombre suffisant d'ouvriers connaissant les procédés de ces industries. Bientôt aussi, l'existence de ces centres industriels attire sur les lieux tous les genres de production accessoires dont les produits lui sont nécessaires ; de là résulte donc bientôt une agglomération de population, ou un accroissement du nombre des consommateurs dont la demande de denrées constante et régulière crée bientôt un marché étendu qui attire le commerce et suscite une concurrence dont le bas prix des objets nécessaires à la vie est le résultat certain. On remarque en effet que dans la plupart des grandes villes l'approvisionnement est plus régulier et la vie de l'ouvrier est à meilleur marché que dans beaucoup de communes restreintes, parce que, dans les premières, le commerce ne tarde pas à organiser des moyens de transport économique dont le consommateur profite : le grand nombre de ceux-ci permet aussi d'organiser des services collectifs dont la rétribution opérée par tous, coûte très peu à chaque individu en particulier, tels que moyens de transport, spectacles et autres amusements, bibliothèques, chauffoirs, etc.

S'il n'en est pas ainsi dans toutes les grandes villes, c'est que souvent des taxes excessives ou des lois arbitraires mettent un obstacle à la libre action de la concurrence.

Nous avons montré que la division du travail donne de l'occupation aux êtres les plus faibles et les moins intelligents ; il n'en faut pas conclure que les esprits d'élite trouvent un désavantage à voir leur travail ainsi remplacé en partie par celui d'êtres inférieurs. Il arrive, au contraire, que des ouvriers qui ne pourraient trouver dans une seule manufacture une rémunération suffisante pour leur travail dont la nécessité ne se fait pas sentir d'une manière continuelle, peuvent obtenir un salaire élevé en travaillant à la fois pour plusieurs établissements ; c'est ainsi que dans des villes manufacturières où les industries se sont groupées, on a pu assurer une paie élevée à des chimistes, à des dessinateurs, à des mécaniciens, dont on a par là stimulé le génie et et qui ont à leur tour assuré par leurs inventions le succès des manufactures qui les ont employés.

Dans tous les pays où les arts utiles ont été honorés et bien rétribués, et où la propriété des inventions auxquelles ils ont donné lieu a été suffisamment garantie, la production manufacturière a acquis rapidement une grande supériorité.

En résumé, la division du travail est, comme on le voit, favorable aux travailleurs de toutes les classes, en ce que par elle, ils tirent le parti le plus avantageux de leurs facultés ; elle abaisse le prix des produits, et met par là à la portée de l'ouvrier une foule d'objets de consommation dont, sans elle, il serait toujours privé ; elle augmente la demande du travail et rend ainsi le salaire de l'ouvrier à la fois plus élevé et plus assuré.

CHAPITRE X

INFLUENCE DE LA LIBERTÉ DES ÉCHANGES SUR LE TAUX DES SALAIRES

C'est une chose étrange, et qui doit au plus haut degré exciter la surprise, que de voir les hommes qui pratiquent l'échange entre eux, depuis qu'il existe une société, ne pas se rendre compte d'une manière plus nette des motifs qui les portent à échanger.

A cette simple question : quels avantages retire-t-on de l'échange? des philosophes de tous les siècles ont répondu par des absurdités. Pourquoi l'Anglais achète-t-il du coton à l'Américain au lieu de le cultiver lui-même? C'est parce que le coton pousse à peu de frais sous le climat de l'Amérique, tandis qu'en Angleterre il en coûterait fort cher de le cultiver en serre chaude. En achetant son coton en Amérique, l'Anglais s'épargne donc une grande peine, en substituant à son travail un service gratuit rendu par le soleil à l'Américain. De son côté, pourquoi l'Américain après avoir envoyé son coton brut en Angleterre, achète-t-il dans ce pays les tissus manufacturés de cette même substance au lieu de les fabriquer lui-même? C'est qu'en Angleterre la force motrice représentée par la houille est à bas prix, que les fabricants anglais ont inventé des machines fort ingénieuses et que leurs ouvriers ont acquis une grande habileté dans le travail du coton, tandis que l'Américain paie le combustible cher, ne connaît pas les machines des Anglais, ou ne sait pas s'en servir, et qu'il emploie des ouvriers plus utilement à d'autres travaux. Il s'épargne donc de la peine en achetant des tissus en Angleterre, où il obtient presque gratuitement la force motrice et l'aptitude des travailleurs. Ainsi, sans que l'Américain trompe l'Anglais, sans que l'Anglais cherche à nuire à l'Américain, tous deux tirent un avantage de cet échange. Il se peut que cet avantage ne soit pas parfaitement égal de part et d'autre, mais qu'importe à celui qui fait un bénéfice, s'il donne par là à un autre l'occasion de faire un profit plus grand?

Chaque fois qu'un échange se conclut, les choses se passent ainsi; il implique donc toujours un avantage réciproque, qui se résume pour chacune des parties en une ÉPARGNE DE TRAVAIL.

Et cet avantage est tellement grand que c'est aux facultés d'échanger et d'épargner seulement que l'homme doit sa supériorité sur la brute, et que c'est principalement, pour ne pas dire uniquement, pour échanger qu'il recherche la société de ses semblables.

C'est à l'échange que nous devons d'obtenir, en retour d'une journée de notre travail, c'est à dire d'une faible portion de service rendu à une partie infime de la société, de quoi satisfaire des besoins très étendus et très variés pendant toute cette journée, tandis que tout notre travail direct pendant ce temps ne suffirait probablement pas à en satisfaire un.

Tel est le principe fondamental de l'échange ; pour profiter seul de ces avantages, pour s'en arroger le monopole, des nations puissantes ont levé des armées, équipé des flottes, entrepris des guerres, conquis des colonies, réduit des nègres en esclavage, commis en un mot une effrayante série d'iniquités. Pour étendre les avantages de l'échange à toute l'humanité, les nations actuelles consacrent d'immenses capitaux et font d'admirables efforts de génie ; c'est pour arriver à faciliter les échanges que l'on a inventé et construit les chemins de fer, les locomotives, les bateaux à vapeur, que l'on a creusé des canaux et des ports et que l'on occupe des armées de travailleurs plus nombreuses et plus puissantes que les armées des conquérants d'autrefois.

N'est-il pas malheureux que, tandis que l'humanité en général conçoit si bien les avantages de l'échange, tandis qu'elle n'hésite devant aucun sacrifice pour les réaliser, certains préjugés enracinés encore parmi des nations éclairées portent celles-ci à détruire d'une main ce qu'elles édifient de l'autre, à consacrer une partie de leur force à enrayer le mouvement auquel elles ont contribué elles-mêmes.

Perdant de vue que l'intérêt général qui commande l'échange n'est que la somme des intérêts particuliers de l'humanité, elles ont cru pouvoir accroître leurs profits particuliers en diminuant la somme des avantages généraux.

C'est là une erreur aussi funeste qu'elle est antihumanitaire et qu'expient cruellement les nations qui la partagent encore. Mais de toutes les fractions de la société, celle qui en souffre le plus, c'est la classe des travailleurs; pour elle toute entrave à la liberté des échanges a pour effet une plus grande difficulté d'obtenir la satisfaction de ses besoins par suite de l'enchérissement des produits; une plus grande difficulté d'obtenir une juste rémunération de son travail par suite de l'abaissement des salaires. Et cependant les partisans des entraves à la liberté commerciale ne manquent jamais d'invoquer en faveur de leur doctrine l'intérêt de la classe ouvrière, et la théorie de la restriction et des entraves au commerce a reçu d'eux le nom de *protection* ou de *défense du travail national.* A les en croire, l'échange avec des nations favorisées de la nature, ou riches en capitaux, en diminuant l'effort nécessaire pour obtenir une satisfaction, paralyse une partie du travail national, source de toute richesse et enlève ainsi à la fois à l'ouvrier le moyen de travailler, à la nation le moyen de salarier son travail.

Les partisans de la protection se refusent à comprendre que quand, par l'échange, une nation parvient à obtenir la satisfaction de ses besoins ordinaires avec une moindre quantité de travail, ces besoins ne tardent pas à s'accroître et que le travail rendu disponible par une meilleure distribution des dons de la nature est aussitôt employé à la satisfaction de nouveaux besoins dont le nombre s'accroît rapidement.

Le travail national, au lieu de se trouver réduit par l'échange, se trouve donc accru par la multiplication des besoins à satisfaire et rendu plus fructueux par la plus grande facilité avec laquelle il parvient à cette satisfaction.

Beaucoup de protectionnistes s'imaginent, de bonne foi sans doute, que la fortune commerciale d'un pays dépend de ses lois douanières, comme si une loi, un décret ou une disposition administrative pouvaient créer la vertu, l'abondance et le bonheur du peuple. Cette croyance repose sur une série de sophismes appuyés sur des apparences trompeuses dont on ne se défie pas assez. Se fondant sur leurs théories, les partisans du régime restrictif demandent au gouvernement de protéger l'industrie nationale en frappant d'un droit d'entrée très élevé un produit de l'industrie étrangère que l'on pourrait fabriquer dans le pays, les tissus, par exemple. Le droit établi, il agit comme un accroissement des frais de production et les tissus enchérissent à ce point qu'il y a profit à les fabriquer dans le pays, même par les procédés imparfaits, avec des machines grossières et des travailleurs inexpérimentés. Alors les capitaux affluent vers la nouvelle industrie, de belles constructions s'élèvent, des cheminées monumentales versent des flots de fumée dans l'atmosphère, les machines tournent en grondant; les ouvriers et les employés peuplent le voisinage, les marchandises circulent et l'argent aussi, et le pays s'applaudit de la création d'une industrie nouvelle, source de puissance et de prospérité. On s'écrie : C'est une belle chose que cette loi qui protége le travail national! Car les observateurs superficiels, et le nombre en est grand, n'aperçoivent que ce qui brille à la surface des choses et ne portent pas leurs regards sur les parties plus obscures du fond. Autrement ils verraient que la loi douanière n'ayant pu créer les capitaux qui ont servi à ériger les manufactures, ni les ouvriers qui les peuplent, capitaux et ouvriers ont dû être arrachés à d'autres industries ou à l'agriculture, non sans perte pour les premiers, non sans un nouveau et coûteux apprentissage pour les seconds.

Le développement de l'industrie nouvelle cause donc un dépérissement au moins équivalent des industries anciennes, ce qui réduit à néant de prétendus avantages obtenus. Mais ce qui demeure sans compensation et ce qui constitue par conséquent une perte pour le pays, c'est l'enchérissement des tissus, occasionné par les droits d'entrée élevés qui pèsent sur ceux du dehors, par le monopole, la fabrication inhabile et l'absence de conditions naturelles favorables qui chargent ceux du pays.

Bientôt l'agriculture et les autres industries, se sentant lésées par le nouveau monopole, au lieu de demander le retour au droit commun, réclament, comme compensation, leur part de privilége aussi, et le gouvernement, s'il ne veut déroger à ses principes, est forcé de les accorder au moins aux plus exigeants.

De là, nouvel enchérissement des produits, nouveau déplacement de capitaux, avec les pertes qu'il entraîne, nouvelles déperditions d'expériences acquises par suite des changements de profession, et, pour maintenir les monopoles, levée d'une armée de douaniers et de fonctionnaires; pour combler le déficit que produisent dans le trésor les droits d'entrée que ne paient plus les marchandises étrangères frappées de taxes prohibitives, il faut de nouveaux impôts. Enfin les relations entre peuples voisins, interrompues avec le commerce international, ne viennent plus concourir au développement du progrès et de la civilisation. L'échange ne rendant plus les peuples solidaires entre eux, et les mesures prohibitives aigrissant au contraire les relations, des guerres deviennent imminentes, d'où nouveaux impôts et nouvelles charges pour le peuple, nouvelle instabilité du travail, source féconde de misère enfin.

On allègue souvent en faveur de la protection que la concurrence intérieure, excitée par les profits du monopole, ne tarde pas à faire baisser les prix au niveau de ce qu'ils sont à l'étranger, augmentés des frais de transport. Mais ceci est inexact, car, s'il en en était ainsi, il n'y aurait plus de motif pour maintenir les droits protecteurs.

Les faits prouvent, au contraire, que les industriels protégés se coalisent le plus souvent pour empêcher que le prix de leurs produits ne s'abaisse à un taux qui leur ravirait le fruit du monopole. Mais, en admettant même que la concurrence intérieure abaissât les prix au point de réduire les bénéfices des industries protégées, au niveau de ceux qui se réalisent dans des entreprises soumises à la concurrence étrangère, il n'en résulterait pas que le produit protégé serait à aussi bas prix que si l'on pouvait acheter au dehors sans payer de droits, car nulle concurrence intérieure ne peut remplacer la gratuité des agents naturels, dont jouissent les contrées favorisées. L'absence du monopole ne peut faire, par exemple, que les produits de l'industrie soient à aussi bon marché dans un pays où le fer et la houille sont rares, que dans une contrée abondamment pourvue de ces dons naturels.

La protection, qui a pour effet d'enchérir les matières premières et les machines dont se serviraient, même les industries protégées, d'accroître les impôts, d'augmenter en un mot les frais de production, ne permet pas de livrer les marchandises à bon marché et en réduit par là même la consommation. Ces mêmes causes empêchent les industries protégées de lutter avec leurs rivales de l'étranger sur le marché extérieur; les premières n'ont donc pour tout débouché que le pays même où elles sont établies, et encore ce débouché se trouve-t-il rétréci par l'inévitable cherté du produit, qui le rend inaccessible à un grand nombre de consommateurs. Il résulte de là que, dans les crises commerciales si fréquentes chez les nations soumises au régime protecteur, ce faible débouché même est ravi aux industries protégées, et celles-ci, n'ayant pas alors l'exportation pour ressource, ne peuvent se soustraire à la ruine qui détruit les capitaux et laisse pour longtemps les ouvriers sans travail.

Tel est le triste bilan de la protection, dont nous omettons encore quelques articles importants. On voit que celle-ci agit sur les peuples d'une manière plus funeste encore qu'une misère permanente, qu'une série non interrompue de mauvaises récoltes. L'analogie entre ces dernières et les effets du système protecteur est d'autant plus complète, que ces deux fléaux privent l'humanité du concours fécond des agents naturels; seulement, dans le premier cas, c'est la nature elle-même qui refuse son concours, tandis que, dans le second, ce sont les hommes qui s'en privent volontairement. Le système protecteur agit donc sur les salaires, de la même façon qu'une disette indéfiniment prolongée, et elle a de plus que celle-ci l'inconvénient de provoquer tous les maux qu'engendrent l'énormité et l'inégale et injuste répartition des impôts, les priviléges, les administrations compliquées, les grandes armées de soldats et de douaniers, les probabilités de guerre, les inimitiés internationales, etc.

Il est donc permis d'affirmer que le bien-être de la classe des ouvriers, comme celui de la société entière, est intimement lié à la liberté des échanges, et que toute entrave à celle-ci a pour effet d'engendrer la misère et d'enrayer les progrès de la civilisation.

CHAPITRE XI

LE CHOMAGE DU LUNDI, L'IVROGNERIE ET LEURS CONSÉQUENCES

* Le chômage du lundi est aujourd'hui un fait si général parmi la population ouvrière des villes et des centres industriels, et ce fait a acquis par là une telle importance dans l'économie du revenu de l'ouvrier, comme dans celle de la production et de la distribution des richesses pour la société entière, qu'il devient nécessaire d'en tenir compte dans un ouvrage consacré à l'étude des circonstances qui influent sur le salaire.

Pourquoi la plupart des ouvriers citadins chôment-ils le lundi, et comment cet usage s'est-il établi parmi eux? Il serait peut-être difficile de remonter à son origine, et aussi d'en indiquer les causes précises, nous devons donc nous borner à quelques conjectures à cet égard.

Ce qui nous paraît le plus probable, c'est que des ouvriers, fatigués par le travail excessif de toute une semaine, à douze ou treize heures par jour, et imparfaitement reposés par un dimanche consacré à des libations étourdissantes, auront été très peu disposés à se lever de bonne heure le lundi, et encore moins à travailler avec ardeur. Ils auront alors été réprimandés et condamnés à l'amende pour leur venue tardive à l'atelier, peut-être renvoyés comme incapables de bien travailler ce jour-là, et ils seront allés achever la journée au cabaret.

Peu à peu l'habitude en aura été acquise, et se sera propagée parmi les autres ouvriers, attristés, d'une part, de travailler dans un atelier à demi-dépeuplé et fiers d'ailleurs d'imiter les gros bourgeois, en se donnant, comme eux, un jour de loisir pendant la semaine. Aujourd'hui, l'ouvrier en est venu à considérer le chômage du lundi comme un acte d'indépendance, comme une manifestation de sa liberté, et nous en avons connu plus d'un qui consentait volontiers à travailler un dimanche en cas de presse, mais qui pour rien au monde n'eût renoncé à sa liberté du lundi.

Liberté, soit; protestation contre un travail journalier trop prolongé imposé par le maître, soit encore; mais tâchons de supputer, tant au point de vue moral, que sous le rapport matériel, ce que cet acte de fière indépendance de l'ouvrier lui coûte et quelle perte en résulte pour la société.

Évaluons à cinquante par année, le nombre des lundis, pendant lesquels le chômage volontaire a lieu, cette évaluation est très modérée, car combien de fois n'arrive-t-il pas que l'ouvrier « mis en train, » comme il dit, ne se remet au travail que le mercredi, ou même, le mardi de la semaine suivante.

Admettons encore que le salaire moyen de l'ouvrier de nos villes soit de deux francs par jour, ce qui est probablement au dessous de la réalité; voilà donc une somme annuelle de cent francs au minimum, que l'ouvrier perd, ou manque à gagner, ce qui est la même chose, par le chômage volontaire du lundi.

Que de doléances, que de cris de détresse il pousserait cependant, si une calamité quelconque, indépendante de sa volonté, le condamnait à un chômage forcé de cinquante jours et à une perte correspondante de cent francs! Que de malédictions, combien de projets de vengeance contre le maître, si son ouvrier pouvait supposer que c'est par la faute de celui-ci, qu'il perd la sixième partie de son revenu annuel!

Voilà donc une velléité de fière indépendance, la petite vanité d'imiter le riche bourgeois, qui pourtant, ne se donne pas souvent un jour de loisir par semaine, bien chèrement achetée, et si l'ouvrier calculait au juste ce que son esprit d'indépendance et sa vanité coûtent de privations, de larmes et de souffrances à sa famille, il y renoncerait bien certainement, à moins d'être tout à fait dénué de cœur. L'ouvrier pourrait prétendre pour justifier le chômage du lundi, que par là, lui et ses camarades, en réduisant d'un sixième l'offre du travail, font hausser les salaires dans la même proportion, et qu'ainsi la perte ne retombe pas sur eux, mais sur les entrepreneurs d'industrie qui les emploient, et qui, à leur tour, s'en remboursent sur les consommateurs de leurs produits, c'est à dire sur tout le monde. En admettant que ceci fût vrai, et nous démontrerons le contraire plus loin, ce « tout le monde » comprend la classe ouvrière elle-même, et l'enchérissement des objets de sa consommation compenserait exactement la hausse du salaire.

Mais, quoique certainement tout le monde perde à ce que du travail, qui pourrait se faire et qui est payé par les consommations que les ouvriers font le lundi comme les autres jours, n'est pas effectué, cette perte ne se borne pas là, car le capital du patron chôme le lundi, en même temps que les ouvriers, et quand celui-ci a payé en pure perte, l'intérêt, l'entretien et l'amortissement de ce capital, quand il n'a pas fait le bénéfice qu'il aurait pu réaliser le lundi, il en résulte pour lui une perte au moins équivalente à celle que font les ouvriers eux-mêmes. Il lui reste donc toute cette somme de moins dans sa caisse pour payer le salaire des ouvriers et la demande qu'il peut faire de leur travail diminue dans la même proportion que l'offre. Il n'est donc pas vrai que le chômage du lundi tende à faire hausser le salaire, de façon à dédommager l'ouvrier, mais ce qui reste vrai, c'est que ce chômage enchérit le prix de toutes choses, aussi bien de celles qui sont à l'usage du travailleur, que de celles qui sont consommées par le riche, car ces choses coûtent de plus à produire, tout ce qu'il faut à l'ouvrier pour s'entretenir le lundi sans travailler et tout ce que le patron dépense ce même lundi et sans compensation, pour l'intérêt, l'amortissement et l'entretien de son capital et pour sa propre subsistance.

Que dirions-nous, en Belgique, si des étrangers, venant envahir notre pays à l'improviste, s'y établissaient contre notre gré, et nous imposaient, pour vivre à nos dépens et sans travailler, un tribut égal au sixième du produit du travail des ouvriers de nos villes, augmenté du sixième de l'intérêt, de l'entretien et de l'amortissement du capital de nos fabriques et de nos manufactures.

Nous saisirions nos carabines pour chasser ces intrus hors du pays, et aucun effort, aucun sacrifice, ne nous semblerait trop grand pour atteindre ce but. Et, cependant, quand il s'agit d'extirper cette habitude si funeste, qui se nomme le chômage du lundi, et qui a pour tout le pays les mêmes conséquences qu'une invasion de conquérants étrangers, personne ne s'en inquiète, ni patrons ni ouvriers, ni hommes éclairés et philanthropes ne font le moindre effort, le moindre sacrifice pour extirper le mal.

Ce mal ne se borne pas cependant à la simple perte pécuniaire, dont nous avons essayé de donner une idée plus haut et qui, pour la Belgique, peut être évaluée à plusieurs millions de francs annuellement. L'ouvrier ne passe pas le lundi, chez lui au milieu de sa famille, jouissant des douceurs de cette société, si rare pendant le reste de la semaine, il n'occupe pas ses loisirs à embellir ou à rendre plus confortable son foyer domestique, à cultiver les fleurs ou les légumes de son petit jardin; non, il passe la plus grande partie, sinon la totalité de cette journée au cabaret, où il achève l'orgie commencée le samedi soir et continuée le dimanche. Une bonne partie, sinon la totalité de son salaire, y est absorbée, et il ne lui reste rien ou presque rien pour apaiser la faim de sa famille, pour faire donner des soins à un enfant malade, pour abriter toutes les pauvres créatures qu'il délaisse, contre le froid et l'humidité. Lui-même, mal nourri et affaibli par l'ivresse et la débauche, ne livre à son patron qu'un travail insuffisant et mal fait, et il est congédié et risque de demeurer sans emploi, aussitôt qu'il peut être remplacé par un travailleur plus rangé.

Mais ce n'est pas tout encore, et les maux que nous venons de dépeindre : la misère, la faim, la maladie et l'étiolement des enfants, tout cela est peu de chose en comparaison des souffrances morales de la pauvre mère de famille, réduite à contempler le navrant spectacle de tant de douleurs, sans pouvoir rien faire pour les soulager, ne jouissant jamais d'aucun plaisir, d'aucune distraction, torturée dans ses affections d'épouse et de mère, obligée de haïr et de mépriser le père de ses enfants, tandis que celui-ci, insensible à tant de souffrances *s'amuse* au cabaret.

Ce n'est pas tout encore, comment la malheureuse sollicitera-t-elle la charité du riche pour ses pauvres enfants mourant de faim et de froid, quand on saura que leur misère est causée par l'inconduite de son mari? On soulage volontiers des maux dont on entrevoit le terme, mais la charité la plus bienveillante se lasse à remplir le gouffre sans fond d'une irremédiable misère.

Puis que diront les hommes généreux qui demandent au patron de meilleures conditions de travail et un salaire plus élevé pour aider l'ouvrier à tirer sa famille de la misère, quand ce patron leur répond : « Si j'accorde à mes ouvriers, un salaire plus élevé et de meilleures conditions de travail, l'unique résultat de ma générosité sera qu'ils chômeront encore le mardi en sus du lundi, qu'ils boiront davantage, mais la misère de leur famille n'en sera pas moindre? » A entendre ces paroles qui certes ne sont pas toujours sans fondement (voir au chapitre III, la réponse que l'on peut y faire), bien des gens seront tentés de considérer la misère physique et la dégradation morale de la classe ouvrière comme un mal sans remède et de borner leurs tentatives d'amélioration à d'impuissantes et injustes invectives contre les progrès de l'industrie, qu'ils rendent responsable de ces maux.

Le chômage du lundi, lorsqu'il est accompagné de l'abus de la bière et des liqueurs alcooliques, comme cela arrive le plus souvent, est un mal dont les conséquences sont la misère et la dégradation de la classe ouvrière. Il est essentiel et urgent de porter remède à ce mal, aujourd'hui qu'il est impossible de le nier et d'en arrêter les conséquences, qui contribuent, peut-être plus que toute autre cause, à propager et à maintenir cette misère endémique et presque irremédiable que l'on appelle le paupérisme.

Le mal causé par le chômage du lundi et sa conséquence qui l'accompagne toujours : l'ivrognerie, serait sans remède, si l'ouvrier se livrait à l'inconduite de propos délibéré et sachant quelles sont les suites qu'elle entraîne, car une telle manière d'agir dénoterait chez lui une incorrigible perversité; mais il n'en est pas ainsi, il y est entraîné de bonne heure par l'exemple de ses propres parents et de tous ceux qui l'entourent et ne s'imagine guère que les choses puissent se passer autrement, il y trouve une certaine satisfaction d'amour-propre et il n'a jamais songé sérieusement aux conséquences de sa conduite, dont la vue lui est dérobée par l'habitude de la misère dans laquelle il se trouve plongé, qui est le milieu même où il est né et qui lui semble sans issue.

Le remède ou plutôt les remèdes existent donc, mais ils sont d'une application difficile et leur résultat est d'autant plus lent, qu'ils ont à combattre un mal plus invétéré. Une preuve que le mal est susceptible d'être guéri, c'est que les manufacturiers de Sédan sont parvenus à abolir le chômage du lundi dans cette ville. A la vérité, les ouvriers Sédanais constituent une population d'élite, et dont l'activité et les bonnes mœurs ont pu rendre plus facile ce triomphe de la raison sur les mauvaises habitudes.

Voici donc quels seraient, selon nous, les remèdes

généraux qu'il conviendrait d'appliquer au chômage du lundi :

1° Les maîtres doivent avoir le soin de limiter la durée du travail journalier à douze heures au maximum et à moins s'il est possible, afin que l'ouvrier ne puisse invoquer le besoin de prolonger le repos hebdomadaire au delà du dimanche;

2° Il faut que le patron use de toute son influence sur l'ouvrier et joigne cette influence à celle de personnes désintéressées, agissant dans le même sens, pour lui montrer combien le chômage du lundi est nuisible à ses véritables intérêts, à ceux de sa famille, à son bonheur domestique et à sa dignité d'homme et combien il rend vaines toutes les tentatives faites pour améliorer sa condition;

3° Pour que l'ouvrier comprenne bien ses devoirs et qu'il ait l'énergie nécessaire pour les mettre en pratique, il faut qu'il ait reçu une éducation convenable, ayant eu pour résultat un certain développement de ses facultés morales et intellectuelles, si souvent paralysées par le défaut de culture et d'exercice;

4° Il faut aussi qu'il soit aidé dans les efforts qu'il doit faire pour sa régénération, par la femme, agissant comme mère d'abord, pour développer en lui, enfant, le sentiment du devoir, comme épouse ensuite, pour l'aider et le fortifier dans l'accomplissement de ce devoir.

Plus d'une génération se passera sans doute, avant que ces moyens fassent atteindre au but, mais plus celui-ci est éloigné, plus il faut hâter le moment du départ pour y arriver, et plus il faut, le long du chemin, déployer d'activité et de persévérance. Du moment où il aura été atteint, datera pour l'ouvrier une ère nouvelle de bien-être et de dignité (1).

L'application des remèdes que nous venons de mentionner, ayant fait cesser le chômage du lundi, il est fort probable que l'abandon de cette habitude déterminerait aussi celui de l'ivrognerie, qui en est en quelque sorte la conséquence obligée, ou rendrait au moins ce vice beaucoup plus rare.

Cependant, s'il persistait chez des populations profondément démoralisées, comme il s'en rencontre malheureusement encore, nous croyons que l'intérêt social pourrait motiver quelques mesures répres-

(1) Peut-être beaucoup d'ouvriers renonceraient-ils au chômage du lundi et à la dépense qu'ils font au cabaret ce jour-là, si l'on se donnait la peine de leur faire comprendre, qu'en travaillant pendant la semaine entière, et en épargnant le produit de leur travail du lundi au lieu de boire, ils peuvent se créer un capital suffisant pour les mettre à l'abri de la misère, ou de la nécessité d'avoir recours aux précaires et honteuses ressources de la charité et qu'ils peuvent ainsi laisser après eux, au capital suffisant pour assurer l'indépendance, presque l'aisance de leur famille.

Pour démontrer ceci, supposons que le salaire de l'ouvrier, s'élève à deux francs par jour, et comme il s'agit ici de l'ouvrier citadin, le seul qui se livre au chômage du lundi, ce chiffre est plutôt au dessous qu'au dessus de la réalité. Portons à cinquante le nombre de lundis de l'année pendant lesquels il pourrait travailler ; s'il économise son salaire, ces jours-là, il aura amassé à la fin de l'année, une somme de cent francs. En continuant cette accumulation depuis l'âge de vingt ans, où il commence à travailler, jusqu'à celui de soixante ans, où l'âge et les infirmités le forcent à cesser son travail, et, en confiant chaque année son épargne à une compagnie d'assurances sur la vie, qui place ces annuités à intérêts cumulés, à raison de 4 p. c. par an, ces quarante annuités produiront la somme considérable de quinze mille francs, laquelle, placée à son tour, en titres de rente sur l'État par exemple, à 4, 5 p. c., donneront un revenu annuel de 675 francs, revenu supérieur à celui que l'ouvrier gagnait par son travail à deux francs par jour ouvrable lorsqu'il était valide. Avec cette somme, il est largement à l'abri du besoin dans sa vieillesse, et après sa mort, ses enfants pourront en faire usage pour améliorer leur avenir.

sives de ce vice, en le considérant comme donnant lieu, par ses effets, à une « nuisance » publique.

Nous avons déjà dit précédemment (chap. II) pourquoi nous regardons les mesures destinées à prévenir ce vice comme injustes, attentatoires à la liberté et à la dignité humaines et en outre, inefficaces; nous ne reviendrons donc pas sur ce point, mais nous croyons que les mesures répressives contre les effets visibles de l'ivrognerie peuvent être justifiées par l'atteinte que l'aspect et la conduite d'un homme ivre portent à la moralité publique et par la nécessité de punir et surtout de mettre hors d'état de nuire l'être qui, en se privant sciemment et volontairement de sa raison, s'est ravalé au niveau de la brute.

Il nous semble donc à la fois juste et nécessaire que l'homme trouvé en état d'ivresse dans un lieu public, soit séquestré par les agents de la police, jusqu'à ce qu'il soit revenu à l'état de raison, et qu'il soit ensuite condamné pour ce délit à une peine correctionnelle aggravée en cas de récidive.

Il est des personnes qui se plaignent de l'existence d'un trop grand nombre de cabarets dans certaines localités, et qui attribuent, au moins en partie, à cette cause, le développement de l'ivrognerie dans ces lieux. Nous croyons que ce reproche n'est pas fondé, c'est le nombre des buveurs qui détermine celui des cabarets, et celui-ci n'exerce qu'une influence insignifiante sur la consommation totale des boissons.

Dans des pays voisins du nôtre, on a cependant

eu recours à la limitation du nombre des cabarets par l'autorité administrative ; nous doutons fort que cette mesure arbitraire, heureusement incompatible d'ailleurs, avec nos institutions libérales, ait eu quelque efficacité préventive de l'ivrognerie, pas plus que les droits de patente élevés, perçus sur les débitants de boissons. Nous croyons que si réellement le nombre des cabarets avait besoin d'être limité, ce but serait atteint d'une manière à la fois plus équitable et plus efficace en rendant les cabaretiers responsables, comme complices, des délits commis par des personnes qui se seraient mises en état d'ivresse chez eux. La responsabilité qui pèserait ainsi sur le cabaretier, en rendant à la fois sa profession plus pénible et moins lucrative, en éloignerait sans doute un certain nombre de concurrents et forcerait ainsi le cabaretier à augmenter le prix de la consommation sur place de ses boissons, de toute la prime d'assurance contre le risque d'avoir des démêlés, soit avec les buveurs insatiables, soit avec la police.

S'il est célibataire, l'ivrogne endurci, à part la lésion qu'il inflige à la morale publique, ne fait de tort qu'à sa considération, à sa santé et à sa bourse en s'enivrant ; il n'en est plus de même pour le mari ni pour le père de famille ; le mal que ceux-ci font en buvant outre mesure, s'étend aussi sur des innocents et peut les frapper jusqu'à les priver du nécessaire, jusqu'à les faire périr de misère, de froid et de faim et à engendrer entre le père de famille et les siens, une cause de désaffection dont les conséquences sur la moralité des uns et des autres sont des plus déplorables.

Le père de famille qui se livre habituellement à l'ivresse est donc coupable, non seulement envers lui-même, mais aussi envers sa femme, à qui il doit « aide et protection » à la fois contre la misère et la faim, contre la surexcitation des passions provoquée par le mépris, la colère, les privations, et, plus que tout cela, par la vue de ses pauvres enfants, dont elle ne peut ni calmer la faim, ni soulager la souffrance, ni éloigner la lente et pénible agonie. Enfin, il est coupable aussi envers ses enfants eux-mêmes, car, membre de la société moderne, il n'est plus le propriétaire de ceux-ci, mais le protecteur obligé, qui doit leur fournir les moyens matériels et intellectuels indispensables pour qu'ils deviennent un jour des citoyens utiles à eux-mêmes et à la société.

La femme et les enfants dont le mari et le père gaspille toutes leurs ressources au cabaret et se prépare, en outre, une vieillesse ou une mort prématurées, peuvent donc recourir en droit à la justice sociale pour qu'elle oblige ce mari et ce père à remplir les devoirs que ces qualités lui imposent. Mais la femme et les enfants de celui-ci sans instruction et réduits souvent au dernier degré du dénuement, peuvent-ils invoquer la justice des tribunaux, et surtout attendre les effets de son action, toujours si lente et si peu certaine? Non, ils ne le peuvent pas et pour que la société leur vienne en aide, d'office, en contraignant le père de famille à remplir ses obligations envers eux, ils peuvent invoquer les mêmes raisons que M. G. de Molinari donne en faveur de cette intervention, quand le père de famille refuse d'instruire ou de faire instruire ses enfants. (Voir l'ouvrage intitulé : de l'Enseignement obligatoire, discussion entre MM. G. de Molinari et Frédéric Passy, déjà cités plus haut.)

Nous savons qu'en ceci nous touchons à une question des plus délicates et des plus controversées : la limite qui sépare le droit individuel du droit social, le point où cessè la liberté du père de famille pour faire place à ses obligations envers les siens, et le pouvoir que possède ou non la société de lui faire remplir ces obligations alors qu'il s'y refuse; nous comprenons et nous respectons les justes susceptibilités que de telles questions soulèvent chez les partisans de la liberté individuelle, surtout à une époque où cette liberté est encore en butte à tant d'attaques injustes et passionnées, mais ce n'est cependant pas parce que la question est délicate, parce que des limites sont difficiles à poser, qu'il faut renoncer à chercher la solution de l'une ou à déterminer la véritable position des autres *.

CHAPITRE XII

LES INSTITUTIONS DE PRÉVOYANCE

Le trait le plus saillant du caractère de l'ouvrier est l'imprévoyance qui est poussée chez lui jusqu'au fatalisme, et ceci se conçoit facilement quand on se rend compte des circonstances dans lesquelles il se trouve placé : la misère lui paraît un mal irremédiable auquel il ne peut échapper que par hasard ou par un concours de faits indépendants de sa volonté.

Il suffit, en effet, d'un chômage, d'une crise alimentaire, d'une maladie prolongée de lui ou de l'un des siens, d'une action judiciaire qui lui serait intentée même injustement, et de mille autres causes qui paraîtraient de peu d'importance à des personnes douées de quelque fortune, pour priver l'ouvrier de toutes les ressources qu'il aurait pu accumuler aux époques de prospérité. C'est ce qu'il sent parfaitement et c'est ce que de nombreux exemples viennent chaque jour lui rappeler. A quoi bon alors pour lui se consumer en efforts avec des chances de succès si minimes? Aussi préfère-t-il se laisser aller avec insouciance aux hasards de la vie, que d'aggraver cette peine inévitable par les soucis de la prévoyance.

Et il faut bien le dire, l'action de la société, bien loin de tendre à relever le moral de l'ouvrier, à lui faire voir l'avenir sous un aspect moins sombre et à lui faire espérer de plus heureux résultats comme récompense d'efforts persévérants, a pour effet, au contraire, de l'étourdir sur les conséquences de son imprévoyance en atténuant celles-ci par une charité qui n'est pas toujours bien entendue, ainsi que nous essayerons de le prouver dans le chapitre suivant.

S'il faut reconnaître que les efforts individuels de l'ouvrier sont presque toujours insuffisants pour le préserver de la misère, et si la charité, loin de remédier à cet état de choses, ne fait dans la plupart des cas que l'aggraver en diminuant la prévoyance et l'énergie morale de l'ouvrier, il y a dans l'association une puissance suffisante pour combattre efficacement les effets de la misère.

L'association, dans toutes ses manifestations si nombreuses et si variées, a toujours accru dans une proportion considérable la somme de forces des individus qui l'ont employée. Sans elle, la plupart des entreprises les plus grandes et les plus utiles à la société, n'auraient pu être tentées, et pour ne citer qu'une de ses formes, c'est grâce aux assurances maritimes, par exemple, que le commerce d'outre-mer a pu se réaliser et qu'il a fourni à l'humanité l'immense somme d'avantages qu'elle en retire.

Pourquoi ce même principe de l'assurance appliqué à la classe si nombreuse des travailleurs, ne pourrait-il pas donner des résultats également avantageux, et contre-balancer suffisamment les mauvaises chances par le très grand nombre des assurés, de manière à réduire toutes les éventualités de misère à une prime fixe de peu d'importance et tout à fait en rapport avec le modeste salaire de l'ouvrier?

Les chances les plus graves auxquelles celui-ci soit continuellement exposé, sont :

1° Les chômages et les crises alimentaires;

2° Les maladies et les blessures;

3° La vieillesse, les infirmités ou les conséquences d'une mort prématurée pour la famille.

Ces chances peuvent être combattues par trois formes de l'association et de l'assurance déjà mises en œuvre jusqu'ici et qui, convenablement étendues et perfectionnées, nous paraissent pouvoir suffire à tous les besoins de l'ouvrier.

Parmi ces assurances, les unes peuvent être mutuelles et offrir ainsi une combinaison intime avec les associations; les autres peuvent être à prime et devenir l'objet d'entreprises particulières en dehors du concours de la classe ouvrière, à la manière des assurances maritimes dont nous avons parlé plus haut.

Aux chances de chômage, de crise alimentaire

et d'autres causes de privation, on peut opposer l'épargne; mais l'ouvrier isolé se trouve dans de mauvaises conditions pour épargner, et la conscience qu'il a de la stérilité de ses efforts dans ce but, lui enlève le courage moral nécessaire pour s'imposer le surcroît de travail et la privation des satisfactions immédiates qui doivent engendrer l'épargne. En admettant même qu'il ait pu amasser quelques écus, il peut difficilement les soustraire chez lui, soit au vol, soit à sa propre tentation ou à celle de sa famille de se procurer par leur moyen quelques jouissances momentanées, tentation bien forte chez des gens souvent soumis à de dures privations.

Les caisses d'épargne offrent à l'ouvrier le triple avantage de soustraire son pécule au vol, à la tentation d'une dépense inconsidérée, et de faire produire à cette épargne, quelque modique qu'elle soit, un intérêt assuré, puisque par les soins des administrateurs de cette caisse, toutes les petites sommes sont cumulées de manière à constituer un capital auquel il leur est facile, à cause de l'expérience qu'ils ont acquise dans ce genre d'affaires, de donner un placement à la fois avantageux et sûr.

Jusqu'à présent, dans la plupart des pays de l'Europe, les habitudes d'épargne ont été trop peu développées chez la classe ouvrière, pour que des établissements spéciaux aient pu se former en vue de faire fructifier le pécule de l'ouvrier, et surtout pour que ces établissements pussent, par leur grand nombre, se faire une concurrence utile à ses intérêts. Jusqu'à présent la plupart des caisses d'épargne ont été des établissements fondés par les gouvernements ou sous leur patronage; les capitaux qu'ils ont formés ont été employés à l'achat de titres de la dette publique, ont contribué ainsi à faciliter les moyens de grossir cette dette au détriment de la nation et par conséquent de la classe ouvrière, et dans les temps de crise, c'est à dire précisément au moment où l'ouvrier éprouve le besoin de faire usage de ses épargnes, elles n'ont pu le rembourser qu'en titres dépréciés et presque invendables.

Quelquefois les caisses d'épargne sont les annexes des monts-de-piété; combinaison vicieuse dans la plupart des cas, puisque ces deux institutions fonctionnent généralement en sens inverse l'une de l'autre et qu'il est presque impossible qu'il y ait une exacte compensation entre les prêts et les emprunts.

Ou bien ces caisses sont une dépendance de quelque banque publique, à laquelle elles fournissent un appoint de capitaux insignifiants, et comme ces établissements généralement privilégiés ne se font point de concurrence entre eux, il en résulte presque toujours que l'intérêt payé au déposant est un minimum et que le service de la caisse ne leur offre pas toutes les commodités qu'ils pourraient désirer et qu'ils obtiendraient certainement d'un établissement, dont la prospérité dépendrait de leur concours.

Il serait à désirer dans l'intérêt de la classe ouvrière, qu'il fût fondé partout des banques dans le genre de celles qui fonctionnent en Écosse, empruntant sur livret comme dans les caisses d'épargne les sommes les plus minimes moyennant un intérêt convenable, et faisant servir ensuite les capitaux ainsi accumulés en partie à activer le commerce par la facilité donnée à l'escompte des petits billets, ou la petite industrie par l'avance de capitaux de faible importance distribués à des ouvriers-entrepreneurs honnêtes et intelligents.

De cette façon, le capital épargné par l'ouvrier, en activant le commerce et l'industrie, augmenterait et régulariserait la demande du travail, influerait favorablement sur les salaires, et diminuerait par cela même les chances des crises auxquelles l'épargne de l'ouvrier est destiné à pourvoir.

* Les banques ouvrières d'Allemagne (gewerbsbanke) réalisent encore mieux que les banques d'Écosse, le double but d'un placement fructueux et sûr pour les épargnes de l'ouvrier et du crédit à bon marché qui facilite le travail ou les spéculations de l'ouvrier, de l'artisan ou du petit commerçant. Un assez grand nombre de personnes, appartenant à ces diverses professions, mettent en commun leurs épargnes respectives, et en forment un capital assez important, dont la gestion est confiée à une administration formée de membres choisis parmi les associés.

A l'aide de ce capital, cette banque escompte les effets de commerce émis par les associés, dans une proportion déterminée avec leur apport dans le fonds social; puis elle met ces effets en circulation, revêtus de la signature sociale, qui les fait accepter sans plus de peine que s'ils émanaient d'une maison financière bien connue, et par conséquent, sous un escompte qui ne comprend qu'une prime d'assurance bien moindre que celle qui eût été prélevée sur la seule signature du créateur primitif de cet effet.

Ces banques favorisent donc les opérations de crédit de leurs actionnaires et en réduisent les frais au minimum. A la fin de l'année, les produits de l'escompte, frais d'administration et non-valeurs déduits, sont partagés entre les participants et constituent les intérêts de leur mise de fonds. On observe que dans les opérations de ces banques de crédit mutuel, une très faible prime d'assurance suffit à couvrir toutes les pertes, réduites au minimum par la surveillance mutuelle des actionnaires.

Ces banques, dont l'usage s'étend en Allemagne, rendent de grands services aux classes laborieuses, et il est fort à désirer que la connaissance et l'usage de leur utile mécanisme se répande également chez les autres nations.

Les « Unions de Crédit » créées en Belgique depuis 1848 et qui fonctionnent à Bruxelles, à Liége et dans quelques autres villes, sont fondées sur un principe semblable, mais qui n'est appliqué qu'à des industriels et des commerçants appartenant à une classe plus riche que celle des ouvriers; il est à espérer que ces utiles institutions en s'étendant de proche en proche, rendront bientôt le crédit accessible même aux travailleurs les moins aisés *.

Parmi les dangers qui menacent l'ouvrier, le plus imminent est sans contredit la maladie et, dans certaines professions, les blessures. L'expérience lui démontre que ses épargnes individuelles sont bientôt dissipées lorsque le salaire manquant, il faut néanmoins faire face à des dépenses nouvelles qu'exigent les soins de la maladie; puis viennent les dettes : on sait combien celles-ci grossissent rapidement par les énormes intérêts que prélèvent les prêteurs sur une créance aussi chanceuse que celle qu'offre un ouvrier insolvable. De longues années de santé ne suffisent pas à réparer le tort qu'a causé à la fortune de l'ouvrier un mois de maladie; tout bien-être a disparu pour faire place aux soucis et à la misère. C'est donc ici que l'association et l'assurance se présentent sous leur forme la plus bienfaisante, la plus propre à ramener chez l'ouvrier la confiance dans l'avenir, à relever le sentiment de sa dignité et à développer l'esprit de prévoyance.

Comme tous les faits de la vie humaine, les chances de maladies ou d'accidents sont soumises à des règles auxquelles peut s'appliquer le calcul des probabilités, dès que ces chances se répartissent entre un nombre suffisant d'individus. Quelques années d'observation suffisent pour déterminer, chez une population et dans une localité données, la durée probable des maladies par ouvrier et par année, et permettent, par conséquent, de calculer quelle est la portion de salaire que les ouvriers doivent mettre en commun pour subvenir d'une manière à peu près certaine à toutes les chances de maladies ou d'accidents.

De cette façon, l'ouvrier voit transformer un danger sans cesse menaçant et formidable en une prime fixe, souvent modique, et qui est pour lui le sacrifice d'un petit nombre de jours de travail par an, au moyen duquel il peut sûrement éloigner de sa maison la misère et le chagrin.

C'est là un immense avantage des institutions connues sous le nom d'*Associations mutuelles de prévoyance*, par lesquelles les ouvriers s'assurent mutuellement, moyennant une certaine prime convenue, des secours gratuits et même une partie de leur salaire en cas de maladie ou d'accident. Mais cet avantage n'est pas le seul, car cette association exerce aussi une grande influence morale sur ceux qui en font partie. Beaucoup de maladies et d'accidents, la plupart même, sont le résultat de l'inconduite, de l'imprudence ou d'habitudes vicieuses, et peuvent être prévenus, en conséquence, par une conduite régulière et de bonnes habitudes hygiéniques. Quand l'ouvrier est isolé, aucun contrôle n'est exercé sur sa conduite; ses mauvaises habitudes ne sont réformées par aucun sage conseil; il en est autrement lorsqu'il est lié à ses camarades par une solidarité d'intérêts. La prime d'assurance étant proportionnelle au nombre et à la durée des maladies, chacun est intéressé à ce que ses co-associés soient malades le moins souvent et le moins longtemps possible; il a donc le droit d'exercer sur ceux-ci une surveillance tendant à prévenir les causes de maladie et même à provoquer l'exclusion de la société de ceux de ses membres qui lui seraient trop onéreux par des maladies trop fréquentes, suite d'une conduite déréglée, car l'ouvrier qui tombe malade par sa faute vit en réalité, et bien volontairement, aux dépens de ses camarades. Il s'exerce donc dans l'association une surveillance réciproque qui est équitable et qui est vigilante puisqu'elle est intéressée. L'expérience a déjà démontré que celle-ci suffit lorsqu'elle est assez prolongée pour inculquer aux ouvriers de bonnes habitudes morales et hygiéniques et pour influer en même temps sur le soin qu'ils ont de leur dignité. En Angleterre où ce genre d'association a pris un grand développement, les ouvriers associés se distinguent facilement des autres par la régularité de leurs habitudes et la sévérité de leurs mœurs.

Sous le rapport économique, ces associations parviennent à obtenir la guérison des maladies à moins de frais que les particuliers, en payant les médecins soit à l'année, soit en proportion des malades guéris, ce qui a pour effet d'intéresser les médecins à la prompte guérison des maladies et non en proportion de la durée de celles-ci : les médicaments et les objets nécessaires au pansement des blessures sont aussi obtenus à meilleur marché, comme étant achetés en quantités plus importantes et payés avec plus de régularité.

Il n'est pas possible aux ouvriers d'acquérir d'un coup la prudence et l'habileté nécessaires à de bons administrateurs ; il n'y a donc rien d'étonnant à ce qu'un grand nombre de tentatives d'organisation de sociétés de secours mutuels, aient échoué ou n'aient pas répondu à l'attente des fondateurs : les sociétés de ce genre qui ont le mieux réussi sont celles dont les ouvriers ont confié l'administration à des personnes habiles et charitables prises en dehors de leur classe, et qui ont su administrer avec plus de prévoyance et distribuer par conséquent avec plus de justice, le produit des épargnes des administrés. Mais si l'intervention de personnes éclairées est utile pour diriger la fondation et les premiers actes de la gestion de ces sociétés, il ne faut cependant pas perdre de vue que les ouvriers mêmes ne doivent pas rester entièrement étrangers à cette gestion, et que les personnes qui les aident doivent tâcher autant que possible de les mettre à même de se passer de ce secours.

En Belgique, une vaste association de secours mutuels a été formée entre les ouvriers mineurs, avec le concours moral et pécuniaire des entrepreneurs et sous le patronage du gouvernement; cette association a produit jusqu'ici de très heureux résultats, en ce sens que les blessures et les maladies graves occasionnées par le travail des mines, et la mort même d'un chef de famille, ne sont plus une cause de ruine pour les ouvriers et leurs enfants; il nous semble regrettable toutefois qu'une institution aussi éminemment utile ait eu besoin de l'intervention du gouvernement pour se former, et qu'elle ne se soit pas fondée sous la seule initiative des exploitants et de leurs ouvriers, qui y eussent, nous paraît-il, débattu leurs intérêts d'une manière plus conforme à l'équité.

Dans la vue de faciliter la création d'une association aussi vaste que celle qui embrasse tous nos ouvriers mineurs, le gouvernement lui a accordé une subvention fort modique, eu égard aux autres ressources qu'elle possède, et dont le but était de pondérer, d'équilibrer quelques causes d'inégalité qui existent dans les chances de maladies ou d'accidents auxquelles les ouvriers mineurs de nos divers districts sont exposés en raison de la présence ou de l'absence du grisou, de la profondeur plus ou moins grande des mines, de la difficulté de l'aérage et de l'assèchement, de la nature du terrain traversé, etc., etc. Cette subvention accordée par le gouvernement, et qu'il ne s'est pas obligé à continuer indéfiniment, ne nous paraît pas suffisante pour compenser complétement l'inégalité des risques, qui eût été plus équitablement répartie par une différence proportionnelle dans la contribution de chaque établissement minier. Nous ne voyons pas d'ailleurs pourquoi cette compensation doit sortir de la bourse des contribuables en général, dans laquelle le gouvernement puise la subvention accordée par lui, ceux-ci n'étant pas directement intéressés à l'existence d'une association entre les ouvriers mineurs, qui ne forment qu'une partie restreinte de la nation.

Les exploitants, au contraire, sont intéressés à égaliser les risques courus par les ouvriers dans leur mine au moyen d'une prime proportionnelle, puisque autrement l'ouvrier se fait allouer cette prime sous forme d'une augmentation de salaire, car les hommes qui consentent à travailler dans des exploitations dangereuses ou insalubres étant en moindre nombre que ceux qui se présentent ailleurs, la rareté de l'offre de leur travail doit amener une hausse des salaires qui sera au moins proportionnée à l'intensité du risque couru. Une proportionnalité exacte aurait été la conséquence naturelle d'un libre débat entre les parties intéressées, surtout lorsque quelques années d'expérience auraient déterminé d'une manière suffisamment exacte l'intensité du risque dans chaque contrée et pour chaque genre d'exploitation.

Indépendamment des caisses générales de secours, communes à tout un district minier, il existe des caisses particulières à chaque établissement. La part contributive des ouvriers et des patrons* y varie sans aucune règle déterminée : tantôt elle est égale de part et d'autre, comme dans les caisses générales ; tantôt les patrons se bornent à administrer le fonds commun, en comblant le déficit formé presque chaque année par l'excédant des dépenses sur les recettes. Ce mode a l'inconvénient de laisser les ouvriers presque totalement en dehors de l'administration de ces caisses, et de les maintenir dans leurs habitudes d'imprévoyance, puisque les conséquences de celle-ci ne peuvent peser sur eux, étant constamment annulées par l'intervention des patrons.

* On peut encore signaler quelques autres défectuosités dans l'administration de la caisse générale de retraite : c'est d'abord le détournement annuel d'une partie des fonds destinés à des pensions ou à des secours, pour être consacrée à l'enseignement des enfants des mineurs ; certes, cette destination

n'aurait rien que de louable, si l'on y consacrait un excédant des ressources de la caisse, mais cet excédant est loin d'exister; il serait même possible qu'il y eût du déficit dans l'avenir, le fonds de réserve n'étant pas jugé suffisant pour parer à toutes les éventualités. D'ailleurs, ne serait-il pas plus convenable de rendre ces fonds à leur véritable destination et de s'en servir pour accroître le taux des pensions, qui n'est plus en harmonie ni avec l'élévation actuelle des salaires, ni avec le prix toujours croissant des moyens de subsistance?

Une autre cause de diminution des ressources de la caisse générale, c'est la tendance croissante de certaines caisses particulières de secours à rejeter sur celle-ci des subventions à accorder à des ouvriers atteints de maladies ou d'infirmités de longue durée, mais qui ne se trouvent cependant pas dans les cas prévus par les statuts de la caisse générale. Il résulte de là, non seulement que la part des ayants droit réels se trouve diminuée d'autant, mais que les personnes ainsi secourues, étant soustraites à la surveillance que les participants aux caisses particulières exercent les uns sur les autres, il leur est plus facile de simuler des infirmités prolongées au delà de leur terme réel, afin d'avoir droit à des secours pendant plus longtemps.

Il nous semble qu'une plus grande prépondérance, accordée dans le conseil d'administration des secours aux ouvriers ou à des délégués nommés par ceux-ci, aurait pour effet de faire disparaître ces inconvénients. *

Il serait à désirer, surtout sous le rapport de l'influence morale de l'association mutuelle, que les ouvriers prissent graduellement une part plus étendue à l'administration et eussent eux-mêmes la charge d'équilibrer les dépenses avec les recettes; il en résulterait pour eux l'acquisition plus prompte des habitudes de prévoyance et de surveillance mutuelle qui leur seraient si utiles.

Dans le but louable certainement de propager les institutions de prévoyance, le gouvernement oblige les entreprises industrielles qui se forment, à affilier leurs ouvriers aux caisses de prévoyance existantes; mais cette mesure rencontre une opposition assez fondée, en ce que par là, on associe à primes égales des ouvriers dont les chances de maladie et d'accidents sont très diverses : des maçons ou des manœuvres, par exemple, qui exercent leur profession en plein air et sans péril, avec des mineurs travaillant sous terre dans un air vicié et au milieu de dangers multiples; mieux vaudrait, nous semble-t-il, engager les patrons à répandre parmi leurs ouvriers la connaissance des avantages résultant pour eux de l'association, et à faciliter celle-ci en y intervenant indirectement ou en lui accordant leur patronage.

Les chances d'accidents ou de maladies que courent les ouvriers peuvent être combattues aussi par une autre forme de l'association, celle de l'assurance à prime qui est susceptible de se prêter aux modifications les plus diverses, et qui peut s'appliquer à l'individu isolé comme à de grandes catégories d'ouvriers ; ces compagnies fonctionnent en Angleterre et ont pour associés des personnes de toutes les classes de la société ; les contrats d'assurance s'étendent à tous les genres de risques, et il n'est pas rare de voir un voyageur s'assurer contre les dangers du trajet, en même temps qu'il prend son coupon au chemin de fer ; chez nous, malheureusement, de semblables institutions ont de la peine à pénétrer dans les mœurs ; on s'imagine encore difficilement qu'un contrat d'assurance en règle, et engageant une compagnie pour des sommes souvent considérables, puisse être conclu en peu d'instants et sans entraîner des formalités compliquées.

L'ouvrier, pendant qu'il jouit de ses forces, doit pouvoir trouver dans son salaire, non seulement de quoi subvenir aux besoins du présent, mais encore de quoi s'assurer des ressources pour l'époque de sa vieillesse ou de quoi sauver, au moins momentanément, de l'indigence sa veuve et ses enfants en cas de décès prématuré. Ici encore ses épargnes personnelles seraient insuffisantes, si l'influence de l'association et de l'assurance ne venait les grossir. En effet, l'association permet d'accroître les capitaux par le cumul des épargnes et des intérêts, et le fonds ainsi formé peut être réparti entre les participants qui survivent après un certain nombre d'années ; le cumul des intérêts combiné aux chances de survie suffit, comme l'expérience le démontre, pour assurer à l'homme laborieux et sobre des ressources dans la vieillesse ; des combinaisons semblables peuvent être employées à la formation d'un capital qui sera laissé, en cas de décès prématuré, aux héritiers de l'assuré, et se prêtent encore à bien d'autres formes de la prévoyance. En Angleterre, de nombreuses compagnies entreprennent ce genre d'assurances à des conditions que la concurrence rend avantageuses aux assurés, tandis que la multiplicité des affaires de ce genre les rend sûres pour les compagnies; aussi est-il rare d'y voir des personnes appartenant à quelque classe de la société que ce soit, mais particulièrement parmi les industriels, les marins et les ouvriers, qui n'aient quelque épargne placée dans une de ces compagnies. Chez nous, ce genre d'assurances a beaucoup moins de succès; quoiqu'il fasse, depuis quelques années, des progrès assez sensibles dans les classes aisées et moyennes, il ne pénètre guère chez les ouvriers; le gouvernement belge a essayé de suppléer à l'insuffisance de l'action privée pour garantir le sort de l'ouvrier devenu vieux, en créant lui-même une caisse de retraite, mais ses efforts n'ont pas eu, jusqu'à présent, beaucoup plus de succès que ceux des compagnies particulières, et peu d'ouvriers viennent lui apporter leurs épargnes; ceci tient peut-être aussi à ce que les fonctionnaires du gouvernement se montrent moins empressés à recueillir les souscriptions que les employés intéressés de compagnies concurrentes, et que l'administration elle-même n'a pu encore réussir, sans doute par défaut de cette même concurrence, à donner à ces contrats de pension la forme la plus simple et la plus commode possible pour l'assuré, ni à la plier à la multitude des cas auxquels les assurances sur la vie peuvent s'adapter.

On a parfois blâmé comme immorale la combinaison à l'aide de laquelle l'ouvrier, soustrayant ainsi une partie de ses épargnes à ses héritiers, s'assure dans ses vieux jours une rente viagère dont le capital sera perdu pour sa famille; mais s'il est parvenu à élever ses enfants et à les mettre à même de subvenir à leurs besoins par leur propre travail, il ne leur doit rien au delà, et peut disposer du surplus à sa propre convenance; il pourrait même légitimement exiger de ses enfants qu'ils prissent soin de lui dans sa vieillesse, comme il les a soutenus dans leur enfance, mais souvent l'ouvrier a assez de peine à élever ses descendants pour pouvoir encore payer cette dette à ses ascendants, qui deviennent alors pour lui une rude charge qu'il ne supporte pas toujours avec patience. Loin donc d'être un capital frustré à sa famille, la pension viagère du vieillard soulage celle-ci d'une lourde obligation, et éloigne ainsi une cause trop fréquente d'ingratitude et de désaffection.

CHAPITRE XIII

LA CHARITÉ ET LES ÉTABLISSEMENTS DE BIENFAISANCE

La charité est considérée comme une des plus grandes vertus dont puisse s'honorer l'humanité, et en effet, quel usage plus beau, plus noble, l'homme peut-il faire de ses facultés ou de ses richesses que de les consacrer au soulagement des souffrances de ses semblables. Mais, pour que la charité mérite ce nom de vertu, il faut que celui qui la pratique fasse librement, spontanément un effort ou un sacrifice dont le résultat soit l'amélioration positive et permanente du sort de ceux qui souffrent; hors de ces conditions, il n'y a point de vertu. Le don est-il obligatoire, se fait-il sans peine et comme inaperçu par le riche, n'apporte-t-il aux pauvres qu'un soulagement momentané suivi d'un découragement plus grand, d'une dégradation morale plus profonde, il n'y a plus de vertu, il peut même y avoir un grand dommage causé à la société.

N'est-ce pas là ce qui arrive en effet dans beaucoup de cas, et ne peut-on pas attribuer l'accroissement progressif de la misère chez certaines classes de la société, — tandis que celle-ci tout entière s'enrichit par un travail plus intelligent et plus libre — ne peut-on attribuer la forme la plus hideuse de cette misère, le paupérisme, au développement excessif d'une fausse charité, qui, tout en remédiant mal aux effets de la misère, en rend les causes plus profondes, plus difficiles à extirper, et permanentes de temporaires qu'elles étaient ?

L'exercice de la charité exige un discernement et une prudence que l'on trouve rarement chez les personnes charitables, et qui existent bien moins encore chez les autorités chargées de distribuer des dons volontaires ou forcés.

On perd toujours de vue que la misère est le châtiment providentiel et nécessaire de l'ignorance, de la paresse, de l'imprévoyance et d'une foule d'autres vices. Soustraire à ce châtiment celui qui l'a mérité, c'est en détruire tous les bons effets qui sont de ramener, par un rude mais profitable enseignement, l'homme vers le sentiment de sa dignité et vers la pratique des vertus nécessaires à son existence et à celle de sa famille. C'est en perpétuant chez lui ces vices dont aucun événement fâcheux ne vient lui rendre la conscience, qu'on le ravale au rang de la brute, qu'on lui enlève tout ressort intellectuel et moral, et qu'on le rejette ainsi en dehors du progrès que peut accomplir la société, dans laquelle les hommes voués au paupérisme constituent une tache honteuse, et un obstacle sans cesse croissant à la civilisation.

La charité privée, agissant avec plus de zèle que de discernement, s'est appliquée à soulager la misère partout où elle existait, sans en examiner la cause, sans distinguer entre le châtiment du vice et le malheur non mérité et impossible à prévoir; les conséquences en ont été ce qu'elles devaient être, c'est à dire que l'imprévoyance a grandi chez les classes pauvres, à mesure qu'elle entraînait à des conséquences moins fâcheuses; l'amour du travail s'est amoindri à mesure qu'il devenait plus facile de vivre en implorant les dons d'autrui qu'en dépendant de son propre labeur. Ainsi, le premier défaut de la charité individuelle provient de ce que ceux qui la pratiquent s'affranchissent volontiers de la principale condition qu'elle implique : d'exiger un effort, celui de discerner entre le malheur et le châtiment, celui aussi de proportionner exactement le secours à la misère réelle du secouru, celui de relever son moral, et de lui rendre l'énergie sans laquelle il ne peut sortir de l'état d'infériorité où il est tombé.

On a cru remédier à ces inconvénients si fréquents et si graves de la charité privée, en la rendant collective, et en agrandissant ainsi le cercle de son action, mais par là même on a souvent amoindri ses effets; l'effort exigé pour pratiquer la charité se borne ainsi au sacrifice insignifiant d'une partie du superflu des riches, tandis que le bon emploi des aumônes, s'étendant à un plus grand nombre de secourus et confié à un moindre nombre d'administrateurs, devient au contraire une tâche beaucoup au dessus des forces de la plupart de ceux-ci. La charité collective, c'est à dire celle qui est exercée par l'État ou la commune au nom de la société, manquant donc presque toujours aux deux premières conditions de cette vertu, ne peut, pas plus que la charité privée exercée sans discernement, produire le bien; elle ne peut qu'engendrer le mal sur une plus grande échelle.

La même chose a eu lieu à un plus haut degré encore, lorsque reconnaissant l'insuffisance de la charité privée et collective à remédier à la misère, les gouvernements se sont mêlés de l'administration de la bienfaisance; il n'y a pas eu plus de générosité chez les particuliers, plus de judicieux emploi des dons, plus d'efforts réels pour dissiper les causes de la misère; il y a eu un inconvénient de plus, c'est que cette soi-disant charité a cessé d'être l'effet de la libre volonté du donateur.

Il en est résulté que la charité légale, la prétendue bienfaisance publique, a dégénéré en une véritable spoliation du bien du riche au profit du pauvre.

La charité privée, exercée sans discernement, n'a que l'inconvénient d'encourager la paresse et l'imprévoyance chez le pauvre; la charité publique ou légale, outre qu'elle offre ce même inconvénient à un plus haut degré, puisqu'elle s'exerce sur une bien plus vaste échelle, a encore celui de décourager le travailleur actif et prévoyant, puisqu'une partie des fruits de son travail lui est ravi contre sa volonté pour encourager l'oisiveté, la débauche et l'imprévoyance.

Les effets de la charité légale doivent donc être, partout où celle-ci existe, d'engendrer la misère au lieu d'y remédier, de la rendre plus profonde là où elle existait déjà, enfin de joindre l'abaissement moral à la dégradation physique, de créer en un mot le paupérisme, fléau que l'on regarde à tort comme moderne, et qui existe partout où des masses d'hommes s'habituent à compter pour vivre sur d'autres ressources que le travail.

Ce n'est point là une opinion isolée que nous exprimons; elle appartient à plusieurs économistes illustres qui y ont été conduits par leurs études, à des hommes d'État éminents qui y ont été amenés par l'observation attentive des faits.

Ces faits, nous les trouvons d'abord dans une application de la charité légale faite, depuis deux siècles et demi, à une vaste population. Depuis l'édit de la reine Élisabeth d'Angleterre, qui date de 1602, instituant la taxe des pauvres en ce pays, le nombre des indigents n'a fait que croître, et la taxe destinée à pourvoir à leurs besoins est devenue pour les travailleurs honnêtes une charge tellement lourde que plusieurs, après avoir ainsi exercé cette charité ou plutôt après avoir subi cette spoliation, en ont été réduits à la condition d'indigents secourus eux-mêmes.

Dans l'origine, la loi de la reine Élisabeth fut exécutée avec rigueur; les pauvres valides étaient enfermés dans des maisons de travail, espèce de bagnes dans lesquels on les contraignait aux plus rudes labeurs et où leurs besoins étaient satisfaits avec la rigueur la plus parcimonieuse. Les invalides seuls recevaient des secours à domicile. Pendant un moment, il parut permis d'espérer, sinon la destruction de la misère, au moins un soulagement notable de ce fléau par l'effet de la loi de 1602; mais bientôt les administrateurs de la taxe des pauvres se relâchèrent envers les indigents valides d'une sévérité nécessaire, mais dont l'exercice exigeait beaucoup d'énergie et qui était d'ailleurs blâmée par l'opinion publique qui ne voyait point de motifs de traiter des indigents à l'égal des malfaiteurs. Le relâchement dans le régime des maisons de travail eut pour conséquence l'accroissement de leur population; bientôt les artisans libres se plaignirent de la désastreuse concurrence que leur faisait le travail forcé; ils obtinrent dans quelques localités la cessation de ce travail; enfin, bientôt aussi, le capital dont pouvait disposer l'administration de la taxe des pauvres devint insuffisant pour fournir des instruments et des matières premières aux indigents, qui se pressaient en foule pour demander l'accès des maisons de travail.

Celles-ci furent alors supprimées entièrement dans quelques localités et réduites dans la plupart des autres à des proportions tout à fait insuffisantes, et aucun travail, aucune contrainte ne furent plus imposés comme conditions des secours distribués aux indigents valides. Dès lors la misère prit des proportions effrayantes; il suffisait de se déclarer incapable de gagner sa vie par le travail pour avoir droit au secours de la commune; ce secours était d'autant plus élevé que le salaire était plus bas, les besoins de l'indigent plus grands et sa famille plus nombreuse. De ce moment, la perspective de la misère n'apporta plus aucun frein aux mariages; au contraire, l'indigent se mariait de bonne heure, afin d'avoir promptement une famille nombreuse et de participer ainsi pour une plus large part dans les secours distribués. D'un autre côté, l'ouvrier, certain de trouver un supplément de ressource dans la caisse des pauvres, ne mettait aucune énergie à débattre les conditions de son salaire qui se réduisait bientôt au point d'être insuffisant. Les patrons eux-mêmes coopéraient à cette dégradante combinaison, en s'engageant envers les ouvriers à user de leur influence pour faciliter l'inscription de ceux-ci sur la liste des pauvres de leur paroisse. Il est évident que cet état de choses devait détruire en même temps tout ressort moral chez l'indigent, et ne pouvait manquer de transformer la misère en un fléau permanent, endémique et héréditaire.

Et en effet, l'enquête ouverte en 1834 a établi que quand une famille avait reçu des secours de la caisse des pauvres, le droit à recevoir ceux-ci se transmettait de génération en génération, comme un héritage, et qu'il n'est point d'exemple qu'une famille, une fois entrée dans cette voie dégradante, en soit sortie par sa propre énergie. Aussi l'histoire nous montre-t-elle le nombre des secourus et la taxe perçue pour soulager leur misère, croissant d'une manière effrayante pendant deux siècles. L'impôt pour l'Angleterre et le pays de Galles seulement, c'est à dire pour une population d'environ 13 millions d'habitants, s'élevait à 176 millions de francs, non compris les frais de perception et d'administration qui devaient être considérables à cause des vices de cette gestion et du défaut de contrôle. Quand on songe que cette taxe tombait uniquement sur les possesseurs de la propriété immobilière, on comprend quelle lourde charge devait peser sur eux.

En 1834, le Parlement anglais, vivement ému d'un tel état de choses qui menaçait d'empirer d'année en année, fit faire une enquête qui dévoila les faits que nous venons de signaler et bien d'autres encore qu'il serait trop long de mentionner, le Parlement, disons-nous, fit une loi destinée suivant lui à réformer ces abus. Malheureusement le principe du droit à l'assistance restait en entier dans cette loi et ne devait pas tarder à porter ses fruits. Pendant quelques années, une administration centralisée, un contrôle plus sévère exercé sur la distribution des secours, le rétablissement partiel des maisons de travail et surtout, sans doute, la réaction de l'opinion publique contre les abus de la charité légale, tout cela diminua le nombre des secourus et le montant de la taxe; la paix, le développement croissant de l'industrie, quelques bonnes récoltes et principalement la réforme douanière, qui amena une diminution notable du prix des moyens de subsistance en même temps qu'une augmentation de la demande du travail, tendirent aussi à contre-balancer momentanément les funestes effets de la charité légale, et les partisans de la nouvelle loi s'en promirent les plus heureux effets. Cependant, depuis 1834, la taxe montre une tendance nouvelle à s'accroître, et même, dans les circonstances les plus heureuses, son développement ne pourra être que momentanément retardé, car l'effet du principe même qui l'institue est de la faire grandir sans cesse jusqu'à ce qu'elle ait absorbé la totalité du fonds qui l'alimente.

En Belgique, il n'existe point de taxe des pauvres proprement dite, c'est à dire qu'une prétendue charité légale ne sert pas de prétexte à une véritable spoliation comme en Angleterre; cependant chez nous aussi les communes peuvent s'imposer des taxes destinées à pourvoir au soulagement de la misère, et les administrations de l'État, de la province et de la commune interviennent dans la gestion des biens légués à des fondations charitables, qui constituent des hospices et les bureaux de bienfaisance. Chez nous au moins le principe du droit à l'assistance ne se trouve pas inscrit dans la loi, mais il n'en est pas moins mis en pratique dans une grande partie du pays, et ses conséquences désastreuses, sans se montrer sur une échelle aussi étendue qu'en Angleterre, n'en existent pas moins. Nous voyons en effet, d'après des documents statistiques publiés par le gouvernement, que le nombre des indigents ou soi-disant tels qui participent au secours de la bienfaisance publique va toujours croissant et atteignait déjà, il y a quelques années, le nombre de 900,000 environ sur une population de 4,500,000 habitants, c'est à dire 1/5e de celle-ci. Un étranger qui jugerait de la situation de la Belgique d'après ces chiffres, serait tenté de croire qu'il y règne une effreuse misère et que l'on doit rencontrer tant dans les villes que dans les campagnes une personne au moins sur cinq portant les traces d'un profond dénûment. Or, chacun sait qu'il n'en est pas ainsi, et qu'heureusement la misère inscrite dans les tableaux de la statistique officielle dépasse sensiblement la réalité. Mais si la misère physique est heureusement de beaucoup en dessous de l'évaluation officielle, celle-ci n'en montre pas moins une dégradation morale très intense, puisque 900,000 personnes, misérables ou non, sur 4,500,000, ne rougissent pas d'avoir recours à l'aumône publique, au moins comme supplément de moyens d'existence. Ce résultat, fût-il le seul parmi ceux que peut engendrer une charité collective mal entendue, serait déjà déplorable pour notre pays et mériterait que l'on s'occupât d'y trouver un prompt et énergique remède.

Cette plaie, tant de fois signalée, de la misère qui a recours à la charité publique, est très inégalement répartie dans notre pays; des populations nombreuses, les unes agricoles, les autres industrielles, n'ont que peu ou point d'indigents inscrits sur les tableaux officiels; il en résulte que, dans d'autres localités, la proportion de ces indigents à la population totale doit être très considérable. Il est facile de remarquer, en consultant les documents officiels que ce sont précisément les communes où les bureaux de bienfaisance et les autres institutions de charité publique sont largement dotées, que le nombre des misérables est le plus grand. C'est ainsi qu'à Tournai, par exemple, le nombre des secourus s'élève à plus de 11,000 sur une population totale de 30,000 habitants environ, et cependant cette ville est située dans une contrée fertile et le travail industriel y est développé de manière à assurer de l'occupation à un grand nombre de bras. Une proportion plus forte encore de la population indigente se remarque dans plusieurs localités des deux Flandres, et ni des années d'abondance, ni le développement de l'industrie, n'ont pu y remédier au paupérisme, arrivé à son plus haut degré d'intensité sous la double influence de la crise due à la transformation de l'industrie linière et de la maladie des pommes de terre. Il est facile de remarquer dans toutes les localités où les institutions de bienfaisance publique sont largement dotées, que les salaires sont généralement bas, que la population ouvrière est débile, peu énergique et peu intelligente, et qu'elle se distingue peu par des habitudes d'ordre et d'assiduité au travail. Malgré cette coïncidence remarquable de la misère et de la dégradation morale des populations ouvrières avec la richesse des bureaux de bienfaisance, des hospices, etc., on est généralement tenté de croire que c'est le grand nombre des pauvres qui a excité le développement de l'esprit de charité et a été la cause du nombre et de l'importance des dons faits aux établissements de secours publics; c'est le contraire qui a eu lieu : plus les dons offerts aux pauvres ont été nombreux et faciles à obtenir, plus l'imprévoyance s'est accrue, plus l'énergie individuelle, le ressort moral se sont affaissés, plus les familles se sont multipliées sans souci de l'avenir, et plus même la population indigente s'est accrue par l'influence des pauvres d'alentour, qui s'établissent dans la commune, afin de participer aux secours que l'on y distribue.

Ces faits, à l'appui desquels il serait facile de citer des chiffres nombreux puisés dans les documents administratifs de nos communes, ont été signalés au pays par un administrateur intelligent et expérimenté qui jouit à juste titre de la considération générale.

Nous croyons utile de reproduire ici les paroles prononcées par M. Liedts, alors ministre d'État et gouverneur de la province de Brabant, à l'ouverture de la session du conseil provincial de l'année 1858.

« Un fait qui semble au premier abord contraster avec le tableau de la prospérité de la province, c'est le nombre toujours croissant des individus inscrits sur les contrôles des bureaux de bienfaisance.

« Ce nombre, dans les communes rurales du Brabant, était en 1847, de 125,201; il est aujourd'hui de 136,980, soit une augmentation de 9 p. c., et cependant le prix des denrées de première nécessité était de 40 p. c. plus élevé en 1847 qu'en 1857, outre que le travail était moins rémunéré qu'en ce moment.

« Faut-il conclure de là que la misère envahit de plus en plus notre belle province?

« Nullement ; le nombre des familles inscrites sur les listes des pauvres, ne donne qu'une idée très imparfaite des besoins de la population, et ne prouve qu'une chose, c'est que la situation financière des bureaux de bienfaisance est plus ou moins prospère. La saine raison le dit et l'observation le confirme. Il est d'abord évident que dans les communes où il n'existe pas de bureaux de bienfaisance, et, ce qui revient au même, dans celles où ces bureaux n'ont pas de patrimoine, et n'ont par conséquent rien à distribuer, les indigents s'abstiennent de se faire porter sur ces listes officielles, parce que leur inscription serait sans résultat et n'apporterait aucun soulagement à leur position; et cependant il se peut que dans ces localités les besoins soient plus grands qu'ailleurs.

« C'est ce qu'on remarque dans beaucoup de communes du Luxembourg, où l'on ne dresse pas de listes de familles pauvres, parce qu'il n'y a pas de bureaux de bienfaisance, ou que ceux qui existent n'ont rien à donner.

« Il en est de même en France où plus de la moitié des communes sont dépourvues de ces institutions; et certes on ne prétendra pas que dans la moitié de ce vaste empire, il n'existe pas d'indigents.

« Si les inscriptions sont nulles dans les contrées ou la charité publique est dénuée de ressources, elles croissent au contraire en nombre partout où l'augmentation des ressources des bureaux de bienfaisance permet d'étendre le cercle des distributions et de satisfaire à un plus grand nombre de demandes ; par la même raison, lorsqu'un établissement bien doté se trouve par quelque événement imprévu privé d'une partie notable de revenu, l'administration, obligée de restreindre les aumônes, procède par voie d'élimination, en faisant disparaître de la liste ceux que, dans des temps plus prospères, elle avait consenti à y admettre, quoique moins nécessiteux que d'autres.

« Que deviennent, me demandera-t-on, les pauvres dans les communes où l'assistance publique est nulle ou insuffisante? La réponse est facile : ce que l'assistance publique ne fait pas et ne saurait pas faire, s'accomplit par la charité privée, qui a l'immense avantage de ne pas étouffer chez le pauvre les instincts de la prévoyance par la certitude d'une rente fixe et permanente.

« Ces vérités sont si simples qu'on s'étonne de voir de grands écrivains attribuer exclusivement à la densité de la population, l'augmentation du nombre des pauvres secourus.

« Nous reconnaissons volontiers que plus les hommes se disputent le sol qu'ils habitent, et qui les nourrit, plus les chances de misère y deviennent nombreuses; c'est ainsi que nos quatre provinces d'Anvers, de Limbourg, de Namur et de Luxembourg, où la population est plus clair-semée, sont également celles où les individus secourus par la bienfaisance officielle sont relativement moins nombreux; mais ce que nous ne pouvons admettre, c'est que la faible densité de la population soit la cause unique ni même la cause principale de cé fait. »

« Pour ne prendre que l'exemple de deux départements français, la population est aussi considérable dans le département du Rhône que dans celui du Nord, 2 habitants par hectare, et cependant 23 sur 100 habitants sont inscrits sur les contrôles des bureaux de bienfaisance, dans le second département, et 8 sur 100 seulement dans le premier. Pourquoi? Parce que les bureaux de bienfaisance du département du Nord sont les plus richement dotés de toute la France, — Paris excepté — tandis que dans le département du Rhône, ils n'ont que des revenus très restreints.

« La même chose s'observe dans le Brabant : c'est dans l'arrondissement de Nivelles que la population se serre le moins et croît le plus lentement, et cependant c'est là que le nombre des individus inscrits sur les listes des pauvres augmente le plus vite; parce que c'est dans cet arrondissement que les ressources des bureaux de bienfaisance se multiplient avec le plus de rapidité.

« La population rurale, depuis dix ans, ne s'y est accrue que de 2 p. c. et le revenu des biens des pauvres de plus de 20 p. c.; aussi y compte-t-on 6,087 individus secourus de plus qu'il y a dix ans.

« Ce que nous venons d'exposer est plus palpable encore si l'on compare la Belgique à la France. Nos bureaux de bienfaisance ont pour une population de quatre millions et demi d'habitants près de huit millions de francs à distribuer annuellement aux pauvres.

« En France, au contraire, les 9,000 communes qui possèdent de pareils établissements et qui renferment plus de 16 millions et demi d'habitants, n'ont à distribuer que 17 millions de francs.

« Ne vous étonnez donc pas de voir que dans notre petit royaume il y a, proportionnellement à la population, un nombre double de familles secourues par les bureaux de bienfaisance que dans ces 9,000 communes de France. Faites que ces établissements soient aussi richement dotés en France qu'en Belgique, et qu'au lieu de 17 millions nos voisins puissent consacrer 30 millions à leurs distributions annuelles, et vous verrez les inscriptions des pauvres se multiplier à mesure que les ressources permettront d'accueillir plus de demandes.

« Concluons de tout ceci que les écrivains se trompent étrangement, lorsque, pour apprécier l'intensité du paupérisme dans les divers pays, ils se bornent à prendre pour base de leurs calculs le nombre des inscriptions sur les contrôles des bureaux de bienfaisance, puisque, sans s'en douter, ils ne font que constater la richesse relative de ces bureaux, et nullement la misère plus ou moins grande qui désole le pays.

« A Dieu ne plaise cependant qu'en faisant ressortir l'abondance des secours en Belgique, nous approuvions le mode de leur distribution. Nous sommes au contraire pleinement convaincus, et d'autres l'ont dit avant nous, que *tous ces millions qu'on répartit annuellement n'ont pas réussi jusqu'ici à tirer une seule famille de la misère, et qu'on trouve aujourd'hui inscrits sur la liste des pauvres, les arrière-petits-fils de ceux qu'on y rencontrait il y a un siècle.*

« *On dirait que l'assistance publique, telle qu'elle se pratique, amoindrit l'activité de la prévoyance; que l'homme, une fois inscrit sur ces listes fatales, s'habitue peu à peu à compter sur l'action et les secours d'autrui, et s'inquiète moins de son avenir.*

« Espérons que notre siècle, à force de remuer cette question, finira par trouver un mode d'assistance qui n'altère pas le sentiment de la responsabilité, et qui offre tous les avantages de la charité officielle sans en avoir les inconvénients. »

On le voit, l'opinion de l'honorable gouverneur du Brabant à l'égard de l'influence qu'exerce la charité publique sur l'accroissement de la misère est entièrement conforme à la nôtre, excepté en un seul point, ce magistrat paraissant croire que la charité privée serait plus efficace pour remédier au mal que l'intervention de l'autorité dans la distribution des secours, tandis que, selon nous, il suffit que des secours soient distribués d'une manière permanente et assurée pour que la misère soit engendrée et devienne permanente aussi.

La charité privée, du moins, telle qu'elle s'exerce généralement, n'a guère sur la charité publique d'autre avantage que celui de distribuer des dons accordés volontairement, au lieu d'avoir recours à la spoliation légale, pratiquée par l'impôt pour se procurer les aumônes à répartir.

La charité publique montre les mêmes effets partout où elle est pratiquée; le discours que nous venons de citer en signale les effets en France. En Suisse, d'après M. Cherbuliez, l'assistance publique obligatoire n'est pratiquée que dans une partie d'un seul canton, et c'est là seulement qu'existe une misère étendue et permanente, heureusement inconnue dans le reste de ce pays (1).

Un économiste hollandais, M. de Bruyn-Kops, auteur d'un excellent traité élémentaire d'économie politique, y dit que la mendicité ne peut être tolérée dans un pays civilisé, mais qu'on ne peut laisser non plus les indigents mourir de faim; que, par conséquent, la défense de mendier implique de la part de l'État l'obligation de pourvoir les indigents du strict nécessaire pour vivre, en leur imposant un rude travail. M. De Bruyn recommande expressément que le traitement reçu par les pauvres dans les maisons de travail soit toujours inférieur à celui que peut se procurer un ouvrier libre, et que son labeur soit plus dur que la tâche ordinaire d'un journalier. C'est ce que prescrivait aussi la loi des pauvres de la reine Élisabeth d'Angleterre; mais on sait comment celle-ci fut observée, et elle ne pourra jamais l'être autre-

(1) Voir un article de M. Cherbuliez, intitulé : *Du paupérisme dans le canton de Berne* (*Journal des Économistes* du mois de mars 1857).

ment tant que l'opinion publique exigera, non sans justice, qu'un homme dont le seul tort est d'être pauvre, ne soit pas traité plus durement que le dernier des criminels.

Mais de quelque manière qu'une semblable loi des pauvres soit appliquée et à quelques administrateurs que l'application en soit confiée, l'abus réside dans le principe et non dans l'*usage* que l'on en fait. Ce principe est celui du droit au travail et à l'assistance. Or, on connaît le mot devenu célèbre de M. Proudhon : « Donnez-moi le droit au travail et je vous concède le droit de propriété ! »

C'est que rien, en effet, n'anéantit plus efficacement la propriété créée et n'empêche mieux la création de toute propriété ultérieure que d'ôter le capital à celui qui l'a péniblement amassé par le travail et l'épargne et qui, en connaissant tout le prix, aurait su le conserver, pour le donner au paresseux, à l'imprévoyant, au dissipateur, lequel l'ayant acquis sans peine le gaspillera.

Nous le répétons donc, ce que l'on appelle improprement bienfaisance publique et charité légale, et ce que l'on ferait mieux d'appeler le plus souvent la spoliation du diligent par le paresseux, bien loin de remédier à la misère, tend forcément à la rendre inévitable et permanente, à la faire s'étendre sur la société comme une tache d'huile sur le papier, et finalement à convertir la misère elle-même en un paupérisme désorganisateur de la société.

La bienfaisance publique qui s'exerce à l'aide de dons et legs volontaires, distribués par une administration publique, présente les mêmes inconvénients que la charité légale ou la taxe des pauvres, excepté en ce qu'il n'y a plus d'intervention de la force pour obtenir les fonds à répartir. Les revenus des établissements de bienfaisance publique sont considérés par le pauvre comme une rente assurée qui lui est due, et dont le montant le dispense en totalité ou en partie d'activité et de prévoyance.

Il en est absolument de même pour les institutions charitables gérées par des associations pieuses, qui offrent cependant l'avantage de pouvoir faire des secours qu'elles ont à distribuer une application plus variée, mieux appropriée aux formes si multiples de l'indigence; les dons et legs à perpétuité éternisent ainsi la misère, si les fondateurs n'ont pas permis que la destination en fût changée suivant l'exigence du temps et des circonstances. Mais le danger plus sérieux de la charité exercée par des associations permanentes, c'est qu'elles peuvent imposer certaines conditions à l'obtention des secours et par là se créer de nombreux clients, formant des masses turbulentes et agitées comme toutes les populations oisives, et qui, mises au service des partis et armées par eux, peuvent mettre en péril la sécurité de la société.

Que l'on se rappelle les services que les patriciens romains de la décadence attendaient de leur clientèle de secourus, dont la physionomie rappelle sous tant de rapports celle de notre paupérisme moderne.

Si les faits démontrent que la charité légale et la

bienfaisance publique n'ont fait qu'accroître et rendre permanente la misère dans tous les pays où elles ont été pratiquées, nulle part non plus l'histoire ne nous montre que la misère ait été extirpée par l'action d'associations permanentes de bienfaisance. Partout où il existe des couvents, il semble que ces établissements repoussent le progrès industriel; les monastères et les manufactures ne se coudoient jamais; partout les premiers s'entourent d'une population misérable, fainéante, vicieuse et sans prévoyance, à laquelle le travail assidu des manufactures ne saurait convenir. L'Italie nous en offre de nombreux exemples. En Suisse, où toutes les villes se peuplent de manufactures, Fribourg avec ses couvents fait seule exception. Enfin, en Espagne, où les couvents sont supprimés depuis plus de vingt-cinq ans, on reconnaît encore les localités où ils ont existé, à l'horreur de leur population pour tout travail assidu.

Un voyageur nous apprend que les couvents qui existaient en Californie avant l'annexion de cette contrée aux États-Unis, étaient entourés d'une population d'Indiens *Mansos* (littéralement apprivoisés ou réduits en domesticité) aussi remarquables par leur paresse, leur malpropreté, leur dégradation intellectuelle et morale que leur congénères les Peaux-Rouges des forêts et des prairies le sont par leur courage et leur esprit de fière indépendance. Dans ces villages d'Indiens Mansos qui vivent du secours que leur accordent les moines, en échange d'un travail tout à fait insignifiant, règne un état de choses semblable au paupérisme, ce qui tend une fois de plus à démontrer que celui-ci n'est ni moderne, ni causé exclusivement par le développement exagéré de l'industrie manufacturière. Enfin, bien d'autres exemples encore dont la recherche ne serait pas très difficile, pourraient venir confirmer ce que nous affirmons, que la charité exercée par certaines associations, comme celle que pratique l'État, tend à créer et à perpétuer la misère au lieu de la détruire.

* L'association, quand elle n'a pas pour but principal, avoué ou occulte, le prosélytisme religieux ou politique, est cependant le moyen le plus efficace et le plus fécond d'exercer la véritable charité, celle qui remédie à des calamités ou des malheurs non mérités et impossibles ou difficiles à prévoir et à prévenir.

Par l'association, en effet, des dons peuvent être recueillis de personnes à la fois riches et charitables, mais qui n'ont pas le loisir, la capacité ou l'énergie nécessaires pour rechercher les misères à soulager, et pour distinguer ou repousser l'hypocrisie qui en prend le masque; et ces dons peuvent être recueillis, accumulés et distribués par d'autres personnes, qui, sans être riches elles-mêmes, peuvent avoir assez de loisir, de discernement et d'énergie pour donner aux secours à distribuer l'emploi le plus utile.

Cette distribution des fonctions, rendue possible par l'association, permet d'abord d'appliquer la charité sur une plus vaste échelle, et ensuite, elle admet le concours de tous les individus en raison de leur fortune et de leurs facultés *.

La charité exercée par des individus isolés ou par des associations qui ont un but déterminé et temporaire, même lorsqu'elle est peu éclairée, est toujours moins nuisible que la charité publique, car ses moyens sont plus restreints et surtout elle n'offre pas aux secourus cette ressource permanente et assurée qui agit d'une manière si prompte et si efficace, en détruisant la dignité, le ressort individuel et l'esprit de prévoyance parmi les classes indigentes.

L'aumône offerte par les particuliers a aussi presque toujours un caractère humiliant pour celui qui la reçoit et qui fait que toute personne qui a conservé un reste de dignité répugne à y avoir recours, tandis qu'elle solliciterait sans répugnance la bienfaisance publique dont les ressources lui paraissent faire partie de son patrimoine. Un autre avantage relatif qu'offre encore la charité privée, même en la supposant mal dirigée, c'est qu'il est toujours beaucoup plus facile de remédier à ses abus qu'à ceux qu'engendre la soi-disant charité de l'État. Il est rare, du reste, que la charité privée soit exercée avec l'intelligence et le courage nécessaires pour qu'elle soit réellement utile; il est facile de se laisser aller aux obsessions d'un mendiant; il est bien difficile de discerner la véritable misère, celle qui mérite commisération et secours, du vice qui se cache sous son nom.

Nous venons de peindre les maux qui résultent de

l'application du principe socialiste, du droit à l'assistance et de la charité mal entendue qui, en voulant remédier imparfaitement au mal présent, offre pour l'avenir des maux incalculables. Il nous reste maintenant à montrer quelle est l'influence de la charité ainsi pratiquée sur le salaire des classes laborieuses.

La charité légale agit de la manière la plus funeste, d'abord en décourageant l'esprit d'épargne, puisque cette épargne est absorbée par la taxe des pauvres sans profit pour celui qui l'a créée. Celui-ci, comme nous l'avons dit plus haut, aurait su l'employer fructueusement et la conserver; le capital de la société et par conséquent la demande du travail qui fait hausser les salaires se seraient ainsi accrus, tandis que cette même épargne distribuée aux pauvres est consommée par eux d'une manière improductive, ou si par hasard elle est employée comme instrument de la production, c'est en général avec l'insouciance que nous avons pour les biens acquis sans peine, c'est à dire que cet instrument périt promptement entre leurs mains. Ainsi, la bienfaisance publique empêche la formation des capitaux et la charité légale détruit les épargnes déjà formées; il résulte de là un accroissement plus lent des instruments du travail et par conséquent une moindre demande de celui-ci, qui doit nécessairement faire baisser le taux des salaires.

Une autre cause bien plus sensible de baisse dans la rémunération du travail gît dans l'influence physique, intellectuelle et morale que l'aumône exerce sur les secourus. Dégradés de corps et d'esprit, le travail qu'ils exécutent vaut moins que ce qu'ils gagnent; il en résulte un enchérissement des produits créés par une main-d'œuvre plus chère, enchérissement qui équivaut à un appauvrissement général et tend par conséquent de son côté et d'une manière très-efficace à diminuer la demande des services du travailleur. Celui-ci, d'ailleurs, perd par l'espoir plus ou moins fondé de secours en cas de chômage, de maladie ou de vieillesse, l'esprit de prévoyance qui lui ferait demander et la fermeté qui lui ferait obtenir, comme supplément à son salaire, une prime d'assurance suffisante pour parer aux éventualités qui le menacent. Le taux de ce salaire est donc moins vivement débattu entre l'ouvrier et le patron, et comme ce dernier ne considère ordinairement dans cette question que son intérêt immédiat, il en résulte que ce salaire va s'abaissant successivement jusqu'à tomber au dessous de ce qui est nécessaire pour maintenir ses forces intellectuelles et physiques dans l'état qui lui permet de fournir un maximum de travail. L'intervention de la charité aveugle et irréfléchie a donc sur le salaire de l'ouvrier une influence entièrement opposée à celle qu'exercent sur lui l'association et les institutions de prévoyance.

L'action funeste exercée par une charité inconsidérée et mal entendue sur la condition morale et matérielle des classes laborieuses, et par conséquent sur le bien-être de la société entière, doit faire désirer une prompte réforme d'un abus qui ne peut s'arrêter qu'au paupérisme universel, c'est à dire à la complète désorganisation de la société. Mais serait-il prudent d'abolir, d'un coup et sans transition aucune, la charité légale et la bienfaisance publique? Évidemment non, le mal est trop profondément enraciné pour être facile à extirper. Il faut pour cela avoir recours à ses antidotes naturels, l'enseignement, les institutions de prévoyance et de secours mutuels et la propriété. Ce n'est qu'à mesure que celles-ci se développeront et pénétreront dans les habitudes de la classe laborieuse que l'on pourra opérer la réforme des établissements dits de bienfaisance, et engager la charité individuelle ou collective à modérer et à éclairer son zèle.

Nous ne doutons pas que, quelques progrès de la moralité et des lumières chez la classe ouvrière aidant, les associations de prévoyance avec les formes multiples et variées qu'elles sont susceptibles de prendre, ne parviennent à détruire toutes les causes de la misère, ou au moins la plus grande partie de celles-ci, et, par conséquent, à rendre la charité inutile au moins sous sa forme permanente. Mais cette chose si désirable ne peut s'accomplir qu'à une époque fort éloignée de nous, et d'ici là une charité éclairée trouvera encore bien des maux à réparer. Mais dès maintenant, elle doit s'appliquer à agir de la même façon que les institutions de prévoyance, c'est à dire en cherchant à prévenir la misère plutôt qu'à remédier à celle qui s'est déjà produite et à distinguer soigneusement la misère accidentelle de celle qui a pour causes le vice et la paresse. Ainsi, nous voudrions voir la sollicitude des personnes charitables se diriger dans une autre voie que celle suivie jusqu'ici et abandonner ces établissements de charité, tels que les crèches, les écoles gardiennes et d'autres institutions semblables, dont on s'était fort engoué il y a quelque temps, et qui ont le déplorable effet d'ôter aux chefs des familles ainsi secourues le sentiment de leur responsabilité, de pousser la classe ouvrière à des mariages prématurés et inconsidérés, de soustraire les enfants à la première éducation morale, qui ne peut être convenablement donnée que par la mère et exige de celle-ci des soins incessants, et qui enfin relâchent les liens naturels entre les parents et leurs enfants en les tenant séparés les uns des autres.

Nous voudrions, disons-nous, voir ces efforts, dont les effets ont si mal répondu à l'attente des personnes généreuses qui les tentaient, être dirigés contre les causes mêmes de la misère, c'est à dire contre le manque de moralité et de prévoyance, l'ignorance et les vices encore si communs chez nos classes ouvrières, les erreurs, les préjugés et les superstitions, plus nuisibles encore que la simple ignorance. Nous voudrions voir surtout ces efforts dirigés vers l'amélioration de l'éducation des femmes du peuple, si incomplète et si négligée dans notre pays et si nécessaire cependant, puisque c'est d'elles surtout que dépend le bien-être de la famille, l'ordre et le bonheur dans le ménage et la première direction donnée à l'intelligence et à la moralité de l'enfance, qui exerce une si profonde et si durable influence sur la vie entière de l'homme. (V. chap. IV.)

On le voit, le rôle de la charité, pour changer de but et de moyens d'exécution, n'en resterait pas moins immense pendant des siècles encore; mais au lieu de prendre la forme humiliante et avilissante de l'aumône, elle tendrait à relever le pauvre dans sa propre estime et stimulerait ainsi ses efforts pour conquérir dans la société un rang plus élevé et plus digne. Il est vrai que la charité ainsi pratiquée exigerait de la part des personnes qui voudraient la mettre en œuvre, plus d'intelligence, plus de peines et plus de force de volonté que la simple aumône; mais, qu'on se le rappelle bien, ce n'est qu'à la condition d'être un effort pénible et utile, que la charité mérite le nom de vertu.

CHAPITRE XIV

L'ASSOCIATION

L'homme isolé, ignorant et faible, trouve toujours, parmi ses semblables, un homme plus fort, plus rusé et moins consciencieux que lui, qui seul, ou aidé de ses pareils, le domine, le subjugue, le spolie, ou, en d'autres termes, le contraint à lui céder les fruits de son travail contre une rémunération insuffisante, et parvient souvent à lui persuader qu'il est juste et nécessaire qu'il en soit ainsi, ou bien, qu'un tel état de choses a toujours existé et qu'il n'en peut être autrement. Tel a été le sort de l'esclave ou du serf, tel est souvent encore à beaucoup d'égards celui de l'ouvrier d'aujourd'hui.

Certes, si ces hommes qui se font les oppresseurs et les spoliateurs de leurs semblables avaient autant de droite intelligence et de sens moral qu'ils ont de force brutale ou de ruse, ils comprendraient que l'honnêteté et la justice sont toujours la ligne de conduite la plus avantageuse, et ils s'abstiendraient eux-mêmes de s'écarter de cette ligne; mais, jusqu'à ce qu'un tel progrès se soit accompli dans la moralité publique, ce qui est encore bien éloigné de nous, les ouvriers doivent chercher à résister à l'oppression et à la spoliation par les deux grands remèdes à l'ignorance et à la faiblesse : l'instruction et l'association.

Nous avons démontré plus haut (chap. III) la nécessité de l'instruction pour l'ouvrier et l'intérêt qu'a le maître lui-même à favoriser cette instruction; nous n'y reviendrons donc pas ici, et nous nous bornerons à recommander à la méditation des ouvriers notre devise nationale : « l'union fait la force. »

L'association est ce puissant levier des temps modernes par lequel se réalisent ces deux grands principes économiques de la division du travail qui permet un développement plus complet et une utilisation plus étendue des facultés humaines, et des consommations volontairement opérées en commun, au moyen desquelles de si fortes dépenses sont épargnées ou amoindries. Ainsi, dans un camp, une seule sentinelle, fût-elle infirme, pourvu qu'elle ait de bons yeux, veille au salut de tout un corps d'armée, dont les membres peuvent vaquer à d'autres travaux sans se préoccuper de leur sécurité, en prenant seulement sur le produit de ce travail, la modique portion nécessaire à la sentinelle. Quelle perte de peines épargnée par cette application si simple de la division du travail!

Une représentation théâtrale (le théâtre étant supposé bâti et meublé), coûte mille francs. Si mille spectateurs y assistent, chacun isolément, il leur en coûtera un million en tout ou mille francs à chacun; si tous s'entendent pour assister à la même représentation, il ne leur en coûtera que mille francs en tout, ou un franc à chacun, sans que la satisfaction que leur fait éprouver cette représentation en soit diminuée en rien. Quelle économie de dépense réalisée par cette consommation volontairement (1) opérée en commun!

Les patrons montrent continuellement à leurs ouvriers l'exemple de l'association; pourquoi ceux-ci ne le suivraient-ils pas? En effet, la plupart des entreprises industrielles sont formées par des associations entre capitalistes et entrepreneurs, et dans des entreprises de même genre, les chefs s'associent entre eux pour atteindre, par des efforts accomplis en commun, un but profitable à tous.

C'est ainsi que nos exploitants de houille, par exemple, s'associent entre eux pour rechercher, étudier, discuter et essayer à frais communs, les procédés et les machines les plus propres à l'exploi-

(1) Nous insistons sur cette condition que la consommation en commun, pour donner lieu à une économie réelle, doit être volontaire, car, en généralisant trop ce principe, on arriverait au communisme, où les consommations se font aussi en commun par économie, mais où cette économie est souvent plus que compensée par le désagrément d'être contraint à consommer des choses pour lesquelles on ne se sent aucun goût, et dans la société de gens que l'on n'eût pas pris pour compagnons si l'on avait été libre de choisir. Le séjour d'une prison ou d'un couvent est économique, comparé à la vie privée, par suite de la consommation en commun qui s'y fait, et cependant, bien peu de personnes se détermineraient, pour ce seul motif, à demeurer volontairement dans cette prison ou dans ce couvent.

tation et au transport de la houille, qu'ils font les démarches nécessaires afin d'obtenir de bonnes conditions pour ce transport sur les voies de communication qui ne leur appartiennent pas, qu'ils sollicitent collectivement toutes les mesures législatives ou administratives propres à favoriser leur exploitation ou leur commerce et à obtenir l'abrogation des entraves qui les gênent, etc. Les maîtres de forges et de verreries, les fabricants de papier, les filateurs de coton, etc., usent des mêmes moyens pour obtenir des résultats analogues, ou afin de créer et entretenir à l'étranger des débouchés pour leurs produits, sans devoir se livrer personnellement à des démarches et des explorations qui exigent de grands sacrifices de temps et d'argent. Ce sont là d'ingénieuses et louables applications du principe de l'association; malheureusement on ne s'en tient pas toujours à celles-là, et le même appareil employé à la légitime défense des droits et des intérêts d'une association devient parfois aussi un appareil agressif, une coalition temporaire ou permanente destinée à engendrer la hausse artificielle des produits à vendre et la baisse factice des matières premières à acheter ou des salaires à payer, quoique ces mêmes coalisés invoquent l'appui du code pénal, aidé du procureur du roi, des gendarmes et de la prison, contre les ouvriers qui seraient tentés d'imiter leur exemple, ou même d'opposer coalition à coalition.

Ce que les maîtres font, au moins dans la mesure de ce qui est légitime, est bon à faire pour les ouvriers, qui, eux aussi, peuvent améliorer considérablement leur sort par l'emploi judicieux du principe si fécond de l'association. Déjà nous avons montré, dans le chapitre III, l'application que les ouvriers peuvent faire de ce principe à leur instruction, et, au chapitre XII, en combinant ce principe avec celui des assurances, à se préserver des plus grands dangers dont ils soient menacés : le chômage, la maladie, la vieillesse, ou la mort prématurée. Voyons maintenant quelles autres applications encore ce principe est susceptible de recevoir.

Un particulier riche qui a besoin d'informations concernant ses intérêts a ordinairement le loisir de les rechercher lui-même, ou le moyen de payer un avocat ou quelque autre agent qui les recueillera pour lui. L'ouvrier, s'il se trouve dans le même cas, n'a ni l'instruction ni le temps nécessaires pour s'aider lui-même, ni les moyens de se faire aider par autrui; de là résulte que ses droits ou ses intérêts sont souvent négligés, méconnus ou transgressés, ou bien qu'il perd lui-même de bonnes occasions d'accroître son bien-être ou d'éviter la misère. Cependant, ses intérêts lui sont ordinairement communs avec la plupart de ses confrères, et la dépense de temps et d'argent qu'il devrait y consacrer lui devient légère quand elle est partagée entre plusieurs. En même temps, si certaines affaires dépassent la portée de son intelligence ou de son savoir, il trouvera peut-être parmi ses associés, quelqu'un de plus instruit ou de plus expérimenté que lui, et qui pourra plus facilement mener cette affaire à bonne fin. Le meilleur moyen, pour les ouvriers, de tirer parti des avantages que leur offre l'association, c'est de se constituer en société pour la défense de leurs intérêts communs, entre ouvriers de la même profession, dans chaque ville et dans chaque canton rural, d'élire des comités permanents parmi les membres les plus actifs et les plus intelligents de ces sociétés, et de se cotiser afin de fournir à ces comités les moyens d'exécution des mesures prises dans l'intérêt social. Les comités permanents seraient chargés de prendre toutes les informations concernant les intérêts généraux de l'association, et en particulier toutes les circonstances qui peuvent influer sur l'offre et la demande du travail de ses membres. Ces renseignements, ainsi qu'un rapport sur les autres travaux du comité, seraient présentés à l'association dans des assemblées tenues à des époques fixes ou convoquées exprès dans des cas d'urgence. Suivant que l'exigerait l'intérêt général des ouvriers d'une même profession, les comités locaux se mettraient en rapport entre eux, et, afin de faciliter ces rapports, ils nommeraient un comité central, résidant, soit dans la capitale du pays, soit dans la localité où le plus grand nombre d'ouvriers de cette profession se trouvent réunis.

Comme, surtout à l'origine de leur formation, les membres de ces comités ne réuniraient pas toujours des connaissances suffisantes pour bien traiter les questions qui leur seraient soumises, ils pourraient s'adjoindre d'autres membres, choisis en dehors de la classe ouvrière, qui, mûs par le désir de contribuer aux progrès et au bien-être de celle-ci, prêteraient gratuitement le concours de leurs lumières et de leur influence à ces comités, ceux-ci demeurant toujours composés en majorité d'ouvriers, qui avec le temps s'éclaireraient assez eux-mêmes pour pouvoir se passer de l'aide de personnes étrangères à leur profession.

Il est beaucoup d'intérêts communs, non seulement aux ouvriers d'une profession ou d'une localité, mais à la classe ouvrière de tout un pays. Pour que des intérêts d'une semblable importance fussent convenablement discutés et sauvegardés par des moyens efficaces, il faudrait le concours de toutes les associations du pays, et pour que ce concours pût être réclamé en temps utile, il faudrait aussi former un comité général pour toutes les associations, ayant pour mission spéciale de s'occuper des intérêts généraux de toute la classe ouvrière, et de correspondre à cet effet avec les comités centraux de chaque profession. Les moyens d'action dont disposeraient les associations ouvrières pour s'éclairer sur leurs intérêts ou leurs droits et pour les faire prévaloir contre des intérêts opposés ou contre la violence ou l'inertie de l'opposition, lorsque leur légitimité a été reconnue, sont la discussion dans les comités d'abord, dans les assemblées générales ensuite, et enfin, dans des meetings ou réunions publiques ayant pour but d'agir sur l'opinion des masses, afin d'en obtenir l'appui moral, l'envoi de pétitions et de mémoires explicatifs aux chambres législatives ou aux autorités qui ont à décider sur les questions en litige. Ces associations peuvent aussi, dans la plupart des cas, invoquer l'appui des journaux, dont la publicité gratuite est presque toujours offerte pour la défense de toute cause juste, quand elle est plaidée avec modération par les ouvriers ou par leurs représentants.

Il serait fort utile aussi, pour ces associations, de posséder un ou plusieurs petits journaux, fussent-ils hebdomadaires, dont quelques colonnes seraient consacrées à instruire et à moraliser leurs lecteurs, tandis que les autres contiendraient des indications utiles et des annonces concernant l'offre et la demande du travail, les moyens de se procurer les objets de consommation usuelle à bas prix, etc.

Malheureusement, la plupart de nos travailleurs lisent peu; on ne peut guère citer d'exception à cet égard que chez les ouvriers flamands, qui lisent assez pour maintenir en vie quelques petits journaux, écrits dans leur langue, et dont le langage atteste une trop fière indépendance pour que l'on puisse supposer qu'ils sont subventionnés par quelque côterie politique ou religieuse. Il n'est pas à notre connaissance qu'un journal français, spécialement consacré aux ouvriers, ait pu se soutenir dans notre pays, pendant deux ans. Les cabarets et les estaminets fréquentés par les ouvriers ne s'y abonnent même pas, en alléguant que souvent la bande d'adresse en demeure intacte pendant plusieurs semaines. S'il en était autrement, si un journal destiné aux ouvriers acquérait une publicité suffisante pour le soutenir pendant quelques années, assez de patrons trouveraient de l'avantage à y faire insérer des demandes de travail, assez de marchands y offriraient des produits à l'usage des ouvriers, pour que le journal pût se soutenir presque par le seul revenu de ses annonces, et pour que le prix de l'abonnement en fût réduit de manière à être mis à la portée de tout ouvrier sachant lire. On a la preuve de cette assertion dans l'*Office de publicité*, journal hebdomadaire d'un assez grand format, qui contient autre chose que des annonces, et dont le prix d'abonnement, couvert en grande partie par les primes qu'il distribue à ses abonnés, n'est que de 4 francs par an. Ce journal a donc, à peu près, résolu le problème de la publicité gratuite, en s'adressant à un public assez nombreux pour s'attirer des annonces dont le produit suffise à couvrir tous les frais de sa publication. Ce procédé, qui n'exige qu'une certaine avance de capital et un peu d'habileté d'exécution, serait un beau et utile cadeau à faire par des philanthropes à la classe ouvrière, dont ils hâteraient ainsi le développement matériel, intellectuel et moral.

Nulle part, à notre connaissance, les associations entre ouvriers n'ont produit, d'une manière complète, les bons résultats qu'elles sont susceptibles de produire. Ceci n'a rien qui doive surprendre, ni encore moins faire désespérer de leur avenir ; car, d'une part, elles sont formées d'éléments ayant tous reçu une éducation individuelle plus ou moins imparfaite, et ensuite, l'expérience ne leur a pas encore suffisamment enseigné tout le parti qu'ils peuvent tirer de leur principe si fécond.

En Angleterre, où il existe un grand nombre de *trade-unions* (associations ouvrières), celles-ci s'organisent de mieux en mieux, et rendent déjà de grands services à leurs membres en les éclairant sur leurs véritables intérêts et en leur donnant la force nécessaire pour résister à toute prétention injuste formulée par leurs patrons. Aussi remarque-t-on en Angleterre que le nombre de grèves va sensiblement en décroissant, qu'elles sont plus rarement accompagnées d'actes répréhensibles, et enfin qu'il arrive plus fréquemment que les patrons sont obligés de céder aux exigences des ouvriers, ce qui tend à démontrer qu'elles sont généralement mieux fondées, et que ceux qui les font valoir ont des notions plus justes sur la portée de leurs droits comme sur l'étendue de leurs devoirs.

En Belgique, l'association entre ouvriers n'existe encore qu'à l'état embryonnaire, pour ainsi dire, et dans quelques grandes villes, telles que Bruxelles, Anvers et Gand. Quelques-unes ne sont que des sociétés professionnelles de secours mutuels, qui ont étendu ces secours aux cas de crise et garantissent à leurs membres, pendant un temps déterminé, une paie également fixée, dans le cas où le patron leur refuse le minimum de salaire arrêté par l'association. D'autres sociétés se sont formées, sous l'empire de la nécessité, pour résister à la coalition formée par les patrons dans l'intention de réduire les salaires ou d'imposer des conditions de travail

plus dures. La plupart de ces associations sont disposées, le cas échéant, à dicter la loi aux patrons, à leur tour. On ne peut leur en vouloir de ce qu'elles ne demeurent pas toujours strictement dans les bornes de l'équité à cet égard ; elles ne font en cela que suivre l'exemple des maîtres, et il est naturel à l'homme ignorant d'imiter ce qu'il voit faire par ceux à qui il attribue une raison supérieure à la sienne. Mais la conduite de la plupart de ces unions dénote une ignorance totale du principe économique, si nettement et si énergiquement formulé par M. Cobden, en ces termes : « Quand deux maîtres courent après un ouvrier, le salaire hausse ; quand deux ouvriers courent après un maître, le salaire baisse. »

Il est une classe d'ouvriers, cependant, qui connaît bien ce principe, c'est celle des verriers, qui ont toujours refusé de former des apprentis autres que leurs propres enfants ou ceux de leurs confrères, afin de diminuer ainsi l'offre de leur genre de travail et de maintenir sa rémunération au niveau des difficultés et des désagréments qu'il offre, et aussi, afin de transmettre ce salaire élevé à leurs descendants, comme un héritage de famille. Cet exemple a été, dit-on, récemment imité par les ouvriers en cigares d'Anvers, dont la profession est cependant loin d'avoir les désagréments de celle des verriers. Le refus de prendre des apprentis avait eu pour but unique d'empêcher l'accroissement de l'offre du travail dans un avenir d'autant plus rapproché, que cet apprentisage n'est pas très long.

C'est là, certainement, un moyen licite de se créer

un monopole, mais ceux qui l'emploient ne doivent pas perdre de vue qu'il est de l'essence du monopole de susciter une concurrence d'autant plus vive qu'il est lui-même exercé avec plus d'âpreté. Or, s'il est difficile de former un bon ouvrier verrier ou même cigarier sans maître, il ne l'est peut-être pas autant de simplifier leurs procédés, ou de perfectionner leur outillage de manière à les mettre à la portée d'ouvriers moins intelligents ou moins exercés, ce qui causerait forcément l'abaissement des salaires anciens en réduisant les frais de production du travail et en augmentant la concurrence des travailleurs.

D'après nos informations, il n'existe en Belgique d'associations permanentes entre les ouvriers (non compris les sociétés de secours mutuels ou de prévoyance), qu'à Bruxelles, à Anvers et à Gand. La plus ancienne des sociétés de Bruxelles est celle des typographes, dont les statuts ont servi de modèle à celles qui se sont formées depuis entre des ouvriers appartenant à d'autres professions. Pendant longtemps, aucun lien de solidarité n'a existé entre ces unions ouvrières, qui se montrent au contraire très disposées à se jalouser, à rivaliser entre elles pour des choses de peu d'importance, à se disputer même. Dans chaque société, aussi, il n'y a pas toujours d'union très intime entre les associés et leur comité, ni individuellement entre les membres de celui-ci. Les reproches, fondés ou non, de vouloir exploiter l'association dans un but personnel d'intérêt, d'ambition ou de vanité, sont fréquents, et ces dissentions paralysent une bonne partie des forces résultant de l'action commune. Chez tous les membres de ces associations, il existe aussi une grande défiance à l'égard des personnes, qui, n'appartenant pas à la classe ouvrière, offrent cependant de mettre gratuitement leurs talents et leurs services à la disposition de celle-ci. Cette défiance prive les associations ouvrières d'un concours qui leur serait très utile, surtout dans les premières années de leur existence, et c'est sans doute au manque de ce concours gratuit et bienveillant que sont dus, d'une part le peu de sûreté et de fermeté des principes adoptés comme règles de conduite par ces sociétés, et d'un autre côté, la tendance de leur rivalité à se perpétuer.

Quoi qu'il en soit du peu de succès de ces premières tentatives d'association, il n'y a là de quoi décourager, ni les ouvriers, ni les hommes qui ont voué une partie de leur temps et de leurs talents à la tâche si noble et si utile, mais en même temps si ingrate et si ardue, d'émanciper les classes laborieuses. Car tous défauts sont inhérents à chaque nouvelle tentative de l'application du principe de l'association; la famille, la tribu, la commune, la nation ont passé par toutes ces phases si longues et si pénibles de la gestation, de l'enfantement et de la première éducation, et elles sont loin encore, pour la plupart, d'en être sorties victorieuses, tandis que les associations modernes, pour grandir et se fortifier, peuvent profiter de l'expérience du passé.

Quelques ouvriers intelligents et dévoués, appartenant à diverses branches de l'industrie bruxelloise, ont fondé, vers la fin de 1858, une association générale ouvrière, dont le but est de chercher à faire prévaloir les intérêts généraux de la classe des travailleurs, en mettant en œuvre, à l'aide de la force résultant de l'union, tous les moyens que donnent la Constitution et les lois pour faire disparaître les causes d'inégalité qui existent encore entre la classe des ouvriers et les autres classes de la société, et pour travailler au développement de la liberté et du bien-être moral et matériel de cette classe. Ces ouvriers convoquèrent leurs compagnons des diverses professions à plusieurs meetings ou assemblées dans lesquelles le but, l'opportunité et les moyens d'action de l'association générale ouvrière furent exposés avec un véritable talent par les fondateurs. Divers ouvriers, prenant successivement la parole, montrèrent l'inutilité des efforts tentés par des associations professionnelles pour obtenir le redressement de griefs dont ils avaient à se plaindre et qui résultaient en partie, de l'iniquité de nos lois douanières, favorisant le travail étranger aux dépens du travail national par des dispositions non moins absurdes qu'injustes. La conclusion unanime de ces ouvriers fut qu'une association générale était nécessaire pour réunir en un seul faisceau les forces, disséminées et divisées jusqu'ici, de la classe ouvrière. Le passage suivant, que nous extrayons textuellement du discours prononcé par M. Frédéric Thys, secrétaire de l'association, dans un meeting tenu le 2 novembre 1858, montre à la fois les vues des fondateurs de l'association générale, et la manière pleine de raison et de bon sens avec laquelle savent s'exprimer des ouvriers que l'on se complaît à nous représenter comme des êtres ignorants et abrutis, aussi incapables d'énoncer leurs pensées que d'en avoir de raisonnables. Voici ce passage :

« Je ne viens pas vous proposer de former une société secrète, une association dont les moyens d'action exposeraient ses membres à des dangers journaliers; nous n'avons pas à craindre qu'en travaillant au grand œuvre que je viens de vous soumettre, la prison vienne vous fermer le chemin que nous avons à parcourir; non, je viens vous dire avec une conviction profonde et avec le ferme espoir que vous sentirez tous la nécessité d'une telle entreprise : Frères, nous avons souffert assez longtemps, et nous sommes assez instruits par l'expérience pour savoir que, pour nous, il n'y a de salut que dans l'union.

« C'est quelque chose de réellement fatal que le peu d'unité qui règne dans les cercles ouvriers. Des associations particulières en grand nombre, des sociétés dont les buts sont plus variés les uns que les autres; mais, entre ces divers corps, aucun lien, aucune entente. Aussi, ce qu'elles font n'est rien en comparaison de ce qu'il y aurait à faire.

« Et cependant, c'est dans l'union de ces différents éléments qu'est notre seule ancre de salut. Ce qui opprime l'ouvrier, ce qui le fait suer sang et eau, ce qui l'oblige fatalement à porter le joug odieux de la pièce de cent sous, c'est le manque de toute ressource matérielle, l'absence de pécule. Si l'ouvrier avait un capital à opposer à celui qui fait de notre classe un objet de spéculation, nous nous verrions bien vite affranchis de la tutelle qu'on nous impose.

« Mais, à défaut de cette ressource, nous n'avons qu'à vouloir pour avoir à notre disposition des moyens tout aussi forts, tout aussi irrésistibles que ceux que procure l'argent.

« Ce moyen réside dans notre union. Séparés, nous sommes de simples fils de chanvre que la main d'un enfant peut briser; nous pourrions faire le câble fort qui résiste aux plus vigoureux efforts, qui sait supporter des poids incroyables.

« C'est au nom de vos intérêts les plus chers, au nom de vos familles, de votre avenir, que je viens vous proposer aujourd'hui de constituer cette union, et, par son moyen, de travailler à l'amélioration matérielle et morale de notre classe.

« Voilà la proposition sur laquelle, au nom de l'Association dont je fais partie, j'ai l'honneur d'appeler votre attention, et, en la soumettant à vos délibérations aujourd'hui, j'ai l'espoir, après que vous en aurez référé chacun à vos associations respectives, que nous parviendrons à former le noyau de cette grande association, dont vous n'aurez plus qu'à régler la marche et arrêter le programme. »

Le premier rapport de l'association générale ouvrière, auquel nous empruntons ce fragment de discours, contient aussi un résumé historique des efforts, suivis de plus ou moins de succès, faits par l'association pour se mettre en rapport avec les différentes sociétés ouvrières du pays, la formation de meetings, tant à Bruxelles qu'en d'autres localités, pour provoquer un pétitionnement général des ouvriers en faveur de l'abrogation des articles 414 à 417 de l'ancien code pénal.

Les moyens pécuniaires limités dont l'association dispose ne lui ont pas permis d'étendre plus loin cette manifestation légale, qui a prouvé, une fois de plus, combien les ouvriers savent user avec modération et dignité des droits que la constitution leur a accordés. Si les meetings et les pétitionnements provoqués par l'association n'ont pas eu pour résultat l'abolition des derniers vestiges des injustes lois pénales de 1810, au moins, ont-ils exercé une certaine influence sur l'opinion des chambres et du pays, et ont-ils donné aux ouvriers eux-mêmes la mesure de ce qu'ils peuvent acquérir de force et d'ascendant sur l'opinon par l'usage légitime et modéré du droit d'association.

Le rapport de l'association générale ouvrière s'élève avec véhémence contre l'opinion professée par quelques ouvriers, d'après laquelle toute agitation pacifique, ayant pour but le redressement des griefs et des injustices dont se plaignent les travailleurs serait inutile et ne servirait qu'à retarder le moment où le but pourrait être atteint par le renversement violent de toutes les institutions sociales actuelles, incompatibles, selon eux, avec le bien-être de la classe ouvrière. Les rédacteurs du rapport font remarquer, avec raison, que c'est là le langage de démolisseurs, d'accord entre eux seulement quand il s'agit de détruire ce qui existe, mais différant complétement d'opinion sur les bases nouvelles qu'il faudrait donner à la société a réédifier; or, commencer par démolir, pour ne s'entendre qu'après sur ce qu'il s'agit de fonder, c'est le plus sûr moyen de perpétuer la ruine et l'anarchie.

Nous applaudissons de tout cœur à ce langage si sensé, à la ferme résolution prise par l'association, de ne faire usage que des moyens pacifiques mis en son pouvoir par la constitution, et surtout à sa foi sincère dans l'efficacité de ces moyens pour l'émancipation matérielle et morale de la classe ouvrière.

Nous espérons que l'association générale ouvrière sera soutenue dans la noble tâche qu'elle s'est imposée, et par l'estime de toute la nation, et par les efforts de toutes les sociétés ouvrières professionnelles ou locales, qui puiseront, dans des relations régulières avec l'union centrale, de nouveaux éléments de force et de vitalité favorables aux intérêts de tous les associés.

Nous espérons aussi que l'association générale des ouvriers belges ne se laissera pas décourager par les difficultés inhérentes à la formation et aux débuts de toute grande entreprise, qu'elle se montrera supérieure aux haines sordides, aux rivalités mesquines qu'elle ne peut manquer de susciter contre elle, et qu'elle se persuadera que la générosité et l'oubli des injures lui gagneront les cœurs de tous les ouvriers, race généreuse et oublieuse elle-même *.

CHAPITRE XV

LA PROPRIÉTÉ

* La propriété peut, à juste titre, être appelée « le complément de l'homme. » Sans elle, en effet, il ne saurait créer rien de durable, son travail n'aurait que d'éphémères résultats, et son existence ne laisserait après elle, aucune trace sur la terre. Si la propriété n'existait pas, l'homme se contenterait d'effectuer le travail strictement nécessaire au maintien immédiat de sa vie, il ne pourrait ni réserver des provisions pour le lendemain, ni se créer des instruments destinés à abréger son travail futur ou à le rendre plus fructueux, car, pour cela, il faut accumuler les fruit du labeur, et cette accumulation est impossible, si la propriété n'en est pas garantie à celui qui les a acquis par son travail. Oter la propriété à l'homme, c'est donc le réduire à l'état de brute non perfectible, c'est lui interdire aussi de se multiplier au delà de ce qu'il peut vivre, ou plutôt le contraindre à

végéter au milieu d'êtres de son espèce, dans les contrées et les climats les plus favorisés de la nature.

La multiplication de l'espèce humaine au delà de ces étroites limites et ses progrès en civilisation et en bien-être ne sont possibles qu'à la condition que la propriété existe. Il résulte de là que les progrès de l'humanité sont intimement liés à l'existence de la propriété, et que, par conséquent, plus celle-ci sera complète dans son principe et dans ses conséquences, plus aussi elle sera facilement accessible à tous, et plus le progrès sera rapide à étendre, tandis qu'au contraire ce progrès et le bien-être qui en est la conséquence, sera faible ou nul pour les classes de la société auxquelles l'accès à la propriété sera difficile ou impossible. Cela est tellement vrai, que l'on peut affirmer, sans craindre de contradiction, que la propriété est mal garantie chez tout peuple qui demeure stationnaire dans la voie de la civilisation, ou qu'elle est rendue inaccessible à toute classe qui, dans une société quelconque, ne participe point au progrès général.

Rendre la propriété accessible à tous et la garantir solidement et à peu de frais à celui qui l'a légitimement acquise par son travail, voilà donc quelles sont les véritables conditions du progrès et du bien-être pour l'humanité.

A en juger par la difficulté d'acquérir et de conserver qui existe maintenant, et qui est telle que l'on a divisé la société en deux classes, les propriétaires et les prolétaires, en faisant de ce dernier nom le synonyme de « gens auxquels la propriété est à jamais interdite »; à en juger d'après cela, disons-nous, il semblerait que la propriété fût chose presque impossible à acquérir, et que, pour pouvoir être propriétaire, il fallût être possesseur de trésors incalculables; c'est du moins ainsi que semblent l'entendre certains prolétaires, ou plutôt leurs malavisés défenseurs, quand, pour établir l'égalité entre les hommes, ils veulent abolir la propriété, désespérant de la rendre également accessible à tous. C'est cependant là une grave erreur, l'accessibilité à la propriété est rendue difficile plutôt par les préjugés des hommes que par des obstacles naturels infranchissables, et, pour être propriétaire et éprouver au moins le bien-être moral que cette qualité communique à l'homme, il ne faut pas d'immenses trésors, la plus modeste épargne suffit.

L'ouvrier qui ne possède rien et n'a pas l'espoir de jamais rien posséder, qui entretient à peine sa famille au jour le jour du fruit d'un pénible, uniforme et incessant travail, qui ne peut prévoir qu'un sort semblable pour les siens, sans amélioration possible, et qui voit à côté de lui des propriétaires riches, se donnant toutes les jouissances du luxe et goûtant d'un bonheur que l'imagination du pauvre exagère toujours au centuple, cet ouvrier, disons-nous, n'a plus guère de l'homme que la forme extérieure ; au point de vue moral, c'est un être incomplet, il lui manque quelque chose, un but dans la vie, la foi dans l'avenir, que la foi dans une autre existence ne remplace qu'incomplétement, puisqu'elle ne lui donne aucun moyen d'améliorer sa condition présente ni celle de ses enfants. Un tel homme perd comme la brute, la conscience de l'avenir, et l'énergie que donne l'espoir, et de ses facultés morales il ne reste guère autre chose qu'une haine aveugle contre la propriété, les propriétaires et l'organisation sociale qui les tolère.

Eh bien, que faut-il pour transformer cet être incomplet, stupide, féroce, dangereux pour ses semblables en un être sensible, pensant, aimant, courageux et dévoué? Bien peu de chose; il lui suffit d'un écu déposé à la caisse d'épargne, avec l'espoir fondé de pouvoir grossir ce petit pécule, d'où son imagination fertile fera jaillir des trésors de liberté, de bien-être et de dignité pour lui et les siens; il ne lui faut peut-être que la possession d'un outil ou la connaissance d'un procédé, qu'il puisse perfectionner encore, et à l'aide desquels il puisse abréger ou simplifier son travail, sans en amoindrir les résultats.

Nous disons qu'un tel homme est transformé et complété, car l'avenir naguère fermé pour lui ouvre maintenant à sa vue un horizon sans bornes, son imagination éteinte se rallume, son courage se ranime, sa foi renaît, car il sait qu'il a devant lui un but qu'il atteindra avec de la résolution et de la persévérance. Et pourquoi en serait-il autrement, pourquoi la propriété exercerait-elle sur l'ouvrier un autre effet que celui qu'elle produit sur la société entière? L'ouvrier ne fait-il pas partie intégrante de celle-ci et n'est-il pas de même nature que les autres hommes, surtout quand le même mobile le pousse et le guide?

Ennemi de la propriété, tant qu'il ne peut y atteindre, il ne songe qu'à l'anéantir, il ne rêve que la destruction de l'organisation sociale qui la maintient; mais dès que l'ouvrier a goûté de la propriété lui-même, ou dès seulement qu'elle se présente à lui comme le fruit assuré d'un travail persévérant, il en devient le plus ferme soutien, parce qu'il en comprend la légitimité mieux que personne, et la sécurité des institutions sociales qui garantissent ce droit acquiert un défenseur de plus.

Ceux donc qui ne sont pas assez sincères amis de l'ouvrier pour souhaiter qu'il devienne propriétaire de quelque chose, devraient le désirer dans leur propre intérêt, au point de lui en faciliter les moyens autant qu'il est en leur pouvoir. Pensent-ils, par exemple, qu'il y eut beaucoup de propriétaires derrière les barricades de Paris en juin 1848? et savent-ils s'il y aura toujours assez de canons et de baïonnettes à leur disposition pour les renverser, si, à Dieu ne plaise, ces scènes de désordre devaient se renouveler? N'est-il pas infiniment plus simple, plus économique et plus humain surtout d'en prévenir le retour en rendant la propriété accessible à l'ouvrier? Ne vaut-il pas mieux la lui laisser conquérir par son travail sans léser ni dépouiller personne, que de s'exposer à ce qu'il la ravisse par la force, là où il la trouve et aux dépens de ceux qui l'ont formée? Le sujet est assez important pour que l'on y réfléchisse sérieusement; il ne s'agit pas de dépouiller les propriétaires pour enrichir les prolétaires; le remède serait mille fois pire que le mal; il suffit de laisser l'ouvrier maître de devenir propriétaire par son travail, et pour cela il ne lui faut que « justice et liberté. »

Les exemples ne manquent pas à l'appui de notre théorie, que l'homme ne parvient au parfait développement de ses facultés que par la propriété; ainsi plus d'un manufacturier intelligent et philanthrope a transformé ses ouvriers négligents, insouciants de l'avenir et enclins au désordre et à la débauche, en travailleurs laborieux, rangés, prévoyants et économes en leur faisant sentir les avantages de l'épargne et en leur facilitant les moyens de la pratiquer par l'offre d'un intérêt assez élevé pour les plus modestes économies confiées par l'ouvrier à la caisse du patron.

On remarque partout aussi que l'ouvrier, possesseur d'un livret de la caisse d'épargne, quelque mince que soit la somme qui s'y trouve inscrite, est un homme plus actif et plus rangé que son camarade qui ne possède pas ce précieux document, nous allions dire ce talisman.

La propriété, représentée par un titre écrit sur du papier, quelque solide que soit ce titre, a cependant moins de valeur aux yeux de l'ouvrier que la propriété immobilière. Pour lui, posséder une maison, pouvoir cultiver en pommes de terre ou en légumes un petit champ à lui, c'est le terme le plus élevé, le rêve le plus beau de son ambition. Il y voit matérialisées, pour ainsi dire, son indépendance et sa dignité; aussi n'est-il effort si grand et si pénible qui ne lui semble léger, quand il entrevoit au bout la réalisation de ce rêve.

La ligue anglaise pour la réforme des lois céréales, en facilitant à quelques centaines d'ouvriers l'accès à la propriété de maisons ou de petits champs, afin d'en faire des électeurs favorables à sa cause, a élevé en même temps ces hommes en dignité à leurs propres yeux et à ceux de leurs camarades, et il en est résulté un bien immense pour une portion considérable de la population ouvrière, car la vertu a sa contagion comme le vice, et les exemples d'activité, d'ordre et de prévoyance, donnés par les ouvriers propriétaires à leurs confrères qui ne sont pas encore parvenus à cette dignité, ne sont pas perdus pour ceux-ci.

Des manufacturiers philanthropes de Mulhouse, imitant l'exemple de la ligue anglaise et faisant en cela non moins un habile calcul industriel qu'un acte de bienfaisance éclairée, ont constitué une société civile pour la construction de maisons d'ouvriers, sur un terrain situé à proximité de la ville; chacune de ces maisons, spacieuse et bien aérée a son petit jardin, les ouvriers qui veulent les occuper peuvent, à volonté, les prendre en location ou les acheter, en payant, dans ce cas, de 300 à 400 francs à leur entrée et le restant de la valeur en quatorze annuités, peu supérieures au taux du loyer annuel, calculé lui-même à raison de 4, 5 p. c. du prix coûtant des maisons, c'est à dire de dix-huit à vingt-trois francs par mois, selon que la valeur de la maison est de 2,400 ou de 3,000 francs. La plupart des ouvriers, surtout parmi ceux qui avaient quelques économies, ont préféré devenir acquéreurs plutôt que locataires, et l'habitude de l'épargne étant acquise après quatorze années de pratique, nécessaires pour le paiement des annuités, a été conservée, et son résultat consacré à la formation d'autres capitaux qui ont élevé l'aisance des ouvriers et de leurs familles, sans leur faire rien perdre de leurs habitudes d'ordre et d'activité précédemment acquises. Ici, encore, l'exemple donné par les ouvriers propriétaires, et l'ascendant exercé par eux sur les autres travailleurs, ont eu pour résultat une élévation notable du niveau moral de la classe ouvrière dans son ensemble, ce qui, d'un autre côté, a dû accroître la quantité et surtout la qualité du travail que les patrons ont obtenu de leurs ouvriers à salaire égal.

Le prix excessif des terrains propres aux constructions, situés dans les grandes villes ou à leur proximité immédiate, y rend la propriété foncière inaccessible à l'ouvrier; il n'y aurait de remède à cet état de choses que dans l'établissement de moyens de locomotion rapides et économiques qui permettraient aux travailleurs d'aller établir leur demeure loin des ateliers, sans qu'il leur en coûtât une trop forte dépense de temps et d'argent. Malheureusement, les entreprises destinées à pourvoir uniquement aux besoins d'une portion de la classe ouvrière sont encore généralement considérées comme peu lucratives, et toute spéculation dont la réalisation se fonde sur un très petit bénéfice, répété avec une grande fréquence, excite peu d'engouement parmi les spéculateurs, que l'appât d'un grand bénéfice, même aléatoire et rarement réalisé, tente davantage.

Il en est de ceci comme des mines de métaux précieux, comparées à celles de houille et de fer, ou même aux simples carrières à pavés ou à moellons; les premières attirent à un bien plus haut degré l'attention du public et la convoitise des spéculateurs, et cependant l'expérience atteste que les dernières donnent, en général, des bénéfices plus considérables et mieux assurés. Malgré cela, il faudra bien des années encore avant que l'on préfère une mine de houille à une mine d'or, et avant que les entrepreneurs de transport comprennent que l'on réalise des bénéfices plus élevés et plus certains à transporter des milliers d'ouvriers, qu'à voiturer un petit nombre d'hommes riches.

D'ici là, les ouvriers des villes devront renoncer au luxe de la propriété foncière et se contenter de la possession de ces titres de crédit en papier, dont ils se défient tant et non sans raison, parce qu'il leur est difficile d'en apprécier la valeur et de les soustraire aux risques de vol et d'accidents.

Il est un autre genre de propriété, bien plus accessible à l'ouvrier que la terre et les constructions qu'elle porte ou que le capital représenté par des créances transmissibles, une propriété qu'il pourrait fonder directement et en quelque sorte d'une pièce, c'est celle des instruments et des procédés qu'il peut inventer pour abréger, simplifier et perfectionner son travail ou l'effet des machines et des appareils dont il a la direction ou la surveillance. Quoi de plus légitime en effet, que le profit retiré par l'ouvrier d'une invention qui doit se résumer en définitive en un accroissement de bénéfice pour le patron d'abord, en gratuité partielle, ou, en d'autres termes, en bon marché pour la société entière ensuite?

Quel meilleur encouragement pourrait-on imaginer pour le développement du génie de l'invention déjà si favorisé chez l'ouvrier par la division du travail, qui simplifie toutes les opérations industrielles, au point de les rendre aisément perfectibles, même par une intelligence médiocre, parce qu'elle est constamment tendue vers le même but?

Combien de progrès s'accompliraient dans l'industrie si cette tendance était favorisée par la propriété de l'invention accordée à l'inventeur comme légitime rémunération de ses utiles et méritoires efforts!

Mais ici encore l'état de la civilisation et par conséquent de la législation et de la moralité publique ne permettent pas à l'ouvrier, et ne lui permettront peut-être pas même d'ici à un siècle ou deux l'accession à ce genre de propriété, qui semble cependant comme destinée par la Providence à former le lot spécial du travailleur dans les sociétés civilisées!

Non seulement la législation qui régit la propriété des inventions en tronque et en mutile le principe et en fausse les applications, au point qu'elle compromet tour à tour les intérêts de l'inventeur et ceux du public qu'elle devait sauvegarder; mais à l'égard de la propriété intellectuelle et de celle des inventions, la conscience publique est si peu éclairée et si peu forte que tel homme qui se croit parfaitement honnête, et qui ne se permettrait aucune atteinte au bien d'autrui, qui ne convoiterait pas un centime à un millionnaire, ne se ferait aucun scrupule de dérober à un pauvre travailleur une idée ou une invention sur laquelle celui-ci pourrait légitimement compter pour se mettre à l'abri de la misère.

Sous ce rapport donc, la moralité générale a bien des progrès à faire, et les jurisconsultes ont beaucoup à étudier encore avant que les mœurs et les lois garantissent à l'ouvrier une sécurité suffisante pour le genre de propriété qui est le mieux à sa portée.

Il faut bien le reconnaître, ces progrès sont loin de leur accomplissement, car, d'une part, les légistes ne sont pas à beaucoup près d'accord sur les véritables fondements du droit de propriété en général et sur les limites de ce droit, et la plupart d'entre eux n'ont que des idées extrêmement vagues et confuses sur l'existence d'un droit à la propriété des œuvres de l'intelligence et des inventions, ainsi que le prouve l'absence totale de législation complète et uniforme sur cette portion si importante des agents de production que possède la société.

D'autre part, la généralité des patrons est prête à s'écrier : « Si vous faites de tous les ouvriers des propriétaires, qui travaillera désormais dans nos champs, dans nos mines, dans nos ateliers? N'est-ce pas l'anéantissement de tout travail dans l'avenir que vous nous proposez? »

Évidemment non sera notre réponse, car l'ouvrier ne peut devenir et se maintenir propriétaire qu'à la condition de travailler, et même de travailler avec plus d'ardeur, de force et d'intelligence qu'il le fait ordinairement aujourd'hui; comment peut-on craindre alors que la propriété acquise à la classe ouvrière fasse diminuer l'offre du travail?

Il n'arrivera que bien rarement qu'un ouvrier parvienne à accroître sa propriété de telle façon que ses enfants soient dispensés de tout travail pour vivre et pour maintenir leur aisance; la diminution de l'offre du travail qui résultera de la réalisation d'un fait si rare ne peut exercer d'influence sensible sur le prix de la denrée-travail ni nuire par conséquent à ceux qui sont obligés de l'acheter. D'un autre côté, la possibilité d'arriver à une telle prospérité par son labeur ne sera-t-elle pas pour la classe ouvrière un énergique stimulant à bien travailler, c'est à dire une circonstance influant d'une manière favorable au demandeur, sur l'offre du travail, en qualité et en quantité?

Il est bon de remarquer, d'ailleurs, que quand un père de famille s'est enrichi par son intelligence, son activité et sa prévoyance, il est assez rare qu'il lègue ces qualités à ses enfants avec sa fortune; ceux-ci, élevés à l'abri du besoin, ce vigoureux stimulant des facultés qui font réussir, ne développent souvent pas même ces qualités au point nécessaire pour conserver la fortune acquise ou pour la maintenir au niveau de l'accroissement des co-partageants, qui sont alors bientôt obligés d'avoir recours au travail pour vivre et de rentrer dans la classe des ouvriers d'où leur famille était momentanément sortie.

Si l'on observait bien ce qui se passe dans une

société où n'existe ni privilége ni monopole artificiel, on verrait qu'il est peu de familles dans lesquelles de grandes richesses se maintiennent pendant plusieurs générations, par suite de cette loi naturelle bien simple, quoiqu'aussi sublime que celle qui maintient l'équilibre des fluides à la surface du globe, que le besoin stimule l'activité, tandis que la satiété l'endort.

Il nous semble que la conclusion qui ressort à l'évidence de ce chapitre est la suivante :

L'espoir fondé d'atteindre à la propriété étant le stimulant à la fois le plus énergique et le plus nécessaire du travail de l'ouvrier, il est de l'intérêt du patron, autant que de celui du travailleur lui-même, que l'accès à la propriété soit rendu possible et même facile à ce dernier *.

CHAPITRE XVI

INFLUENCE DES INSTITUTIONS POLITIQUES

Quand les économistes, dans leurs savants traités, font l'énumération des recettes et dépenses de l'ouvrier et dressent en quelque sorte son budget, on n'y voit jamais figurer, au chapitre des consommations, la sécurité ou la garantie de la liberté de l'homme et de son droit à la propriété du fruit de ses œuvres, ni au chapitre de ses dépenses ce qu'il paye pour obtenir cette sécurité ou l'impôt.

C'est qu'en effet cette denrée de première nécessité lui importe d'ordinaire si peu, qu'il en use sans s'en apercevoir et sans marchander la quantité, la qualité et surtout le prix, car la plupart des gouvernements ont l'habileté de lui laisser ignorer ce prix qu'il paye sans s'en apercevoir, en achetant d'autres denrées plus tangibles. Le seul impôt direct qu'il soit tenu d'acquitter avec une inflexible rigueur, c'est celui qu'il a si énergiquement baptisé du nom d'impôt du sang : la conscription.

Cependant si la somme des satisfactions collectives que lui procure l'État et que nous désignons toutes ensemble sous le nom de sécurité, ne figure pas en recettes sur le budget de l'ouvrier, ni l'impôt en dépense, ces choses n'en affectent pas moins, d'une manière très notable, son salaire et son bien-être.

Si les impôts sont lourds et si, comme cela arrive d'ordinaire pour les plus fortes contributions, ce sont les classes peu aisées qui en supportent la plus grande part, ils équivalent à un enchérissement général dans les objets de la consommation du travailleur. Le salaire, au bout d'un certain temps, comme nous l'avons démontré plus haut, s'élèverait en conséquence, mais sans nul profit pour l'ouvrier et en produisant un appauvrissement général par la cherté du prix du travail, dont il souffre comme tout le monde.

La conscription surtout est pour lui un fardeau pesant, parce que, dans la plupart des États de l'Europe, l'appareil militaire est développé bien au delà de ce qui est strictement nécessaire pour le maintien de la paix. Il y a même plus, la seule existence de cet appareil exagéré, au lieu d'être une garantie pour la paix, devient une cause incessante de perturbation, car les grandes armées permanentes isolent, dans chaque nation, une classe nombreuse d'hommes dont l'intérêt est incompatible avec le maintien d'une paix perpétuelle et facilite les projets ambitieux des gouvernements qui, pour être plus forts, ont besoin de s'appuyer sur une grande armée et de détourner constamment l'attention du peuple de l'administration intérieure du pays.

Il en résulte que chaque année un nombre considérable d'hommes sont enlevés à de paisibles travaux pour faire le métier de soldat. C'est là, dira-t-on, une cause de diminution de l'offre du travail et par conséquent de hausse de salaires, mais ceci est une erreur, car les salaires ne haussent que quand l'offre du travail diminuant, le capital qui doit le rémunérer reste le même. Or, ici il est diminué au moins dans la même proportion par les dépenses que nécessitent l'entretien des troupes, leur armement et la construction des dispendieux appareils de guerre qui leur servent d'instruments. En somme, il y a perte pour l'ouvrier, car sa paye comme soldat n'étant pas le résultat d'un libre débat entre lui et l'État qui achète ses services, est ordinairement inférieure de beaucoup à ce qu'il pourrait gagner en exerçant toute autre profession. De plus, pendant qu'il est sous les armes, en oubliant son ancien métier, en perdant ses habitudes laborieuses, il anéantit une partie du capital dépensé pour son apprentissage, et pour regagner le reste et le léguer à ses enfants comme il l'a reçu de ses pères, il ne lui demeure plus qu'un moindre nombre d'années, les meilleures ayant été dépensées au service improductif de l'État. Il y a donc, par le fait de la conscription, une déperdition notable du capital consacré à l'apprentissage des classes laborieuses, capital qui fait une si grande partie de leur force productive; il y a donc encore là perte des moyens de production dans la société sans amoindrissement de ses besoins, et par suite, nouvelle cause d'appauvrissement.

Il est bien vrai que la défense de l'État, quel que soit le moyen employé pour la réaliser, constitue une dépense improductive et par conséquent une perte, mais cette perte est compensée par la sécurité elle-même lorsque celle-ci a été obtenue à juste prix; il n'en est plus ainsi, et il y a par conséquent appauvrissement, quand cette sécurité est achetée trop cher et quand les moyens employés pour l'obtenir sont précisément ceux qui la mettent en péril.

En résumé donc, les gros impôts, principalement ceux qui pèsent sur les classes laborieuses, et la conscription sont des causes qui tendent à élever le taux du salaire, tout en diminuant la quantité et la qualité du travail obtenu en échange; de là, enchérissement général de tous les produits du travail, appauvrissement de la société, et en particulier diminution du bien-être de l'ouvrier, frappé encore une fois en sa double qualité de producteur et de consommateur.

Il importe donc non seulement à la classe ouvrière, mais à toute la société, d'obtenir la sécurité au moindre prix possible et de faire porter la charge des dépenses qu'elle occasionne, d'une manière équitable sur tous les citoyens, sur chacun en proportion de ce qu'il produit.

Cet idéal est loin d'être atteint chez la plupart des nations; l'ouvrier, qui ne prend presque jamais une part active à la discussion des lois de son pays, ne peut pas lui-même remédier à cet état de choses; il est ordinairement forcé, faute d'une dose suffisante de liberté et de lumières, de s'en rapporter pour tout ce qui concerne la production de la sécurité et les dépenses qu'elle occasionne à la décision de ses patrons, pour la plupart capitalistes ou propriétaires. Si ceux-ci comprenaient bien leur intérêt, ils verraient qu'il est le même pour eux que pour la classe ouvrière; aucune classe ne peut être victime de la spoliation, sans que le contre-coup ne s'en fasse sentir sur les propriétaires du capital. Ce n'est jamais que temporairement que la spoliation peut profiter à ces derniers, l'équilibre se rétablit bientôt, et les oscillations à la suite desquelles il reprend sa stabilité occasionnent des perturbations aussi nuisibles aux riches qu'aux pauvres. De plus, cette spoliation, même quand elle a été compensée par cette naturelle tendance à l'équilibre, sème entre les diverses classes de la société une défiance et une désaffection qui contribue pour beaucoup aussi à paralyser les forces productives du pays et à nuire au bien-être matériel et moral des populations.

En attendant donc que les classes riches et éclairées comprennent mieux l'harmonie qui existe entre leurs intérêts et ceux de la classe ouvrière, celle-ci ferait bien de regarder de plus près à la quantité et à la qualité de la sécurité qu'on lui donne et au prix auquel elle l'achète. Malheureusement, dans l'état actuel de l'instruction de cette classe, et avec la grande habitude qu'elle a généralement acquise de s'en remettre à autrui du soin de ses intérêts, une telle préoccupation n'est pas possible, et l'histoire ne nous montre que trop, par des exemples anciens et récents, que le pauvre, chaque fois qu'il a été appelé lui-même à la gestion des affaires publiques, au lieu de chercher à rétablir l'équilibre, c'est à dire à faire régner la justice, a voulu en abuser pour spolier les riches à son tour.

Le remède au mal que nous signalons ne peut donc consister que dans le progrès des lumières chez les classes qui vivent de leur travail et dans une meilleure et plus juste entente des véritables intérêts de la société et de la solidarité qui lie tous ses membres, chez les classes qui possèdent le loisir et qui, jusqu'ici, ont concouru seules à la confection des lois.

Jusqu'à présent, on s'est mis peu en peine des moyens les plus propres à obtenir à bon marché la garantie la plus complète de la liberté des citoyens et de leur droit de propriété; on s'obstine généralement à chercher de nouvelles formes pour l'impôt, comme si, à cet égard, toutes les inventions possibles de l'esprit de fiscalité n'avaient déjà été réalisées depuis longtemps, et l'on songe peu que ce sont les machines les moins compliquées, celles dont les rouages sont le plus simplifiés, qui coûtent le moins à établir et à entretenir, qui sont le plus faciles à maintenir en bon état et à perfectionner, et qu'il en est de même de la machine gouvernementale que de toutes les autres machines. Or, à peu d'exceptions près, l'on voit partout une tendance à compliquer les rouages administratifs et à faire accomplir par le gouvernement une quantité de fonctions dont les particuliers s'acquitteraient mieux et à meilleur marché. Ainsi au lieu de s'appliquer à réformer les impôts, ce qui est à peu près impossible aujourd'hui, sans créer des abus au moins équivalents à ceux que l'on veut détruire, il faut avant tout songer à diminuer les dépenses auxquelles les impôts sont destinés à pourvoir. La tendance contraire existant depuis longtemps parmi la population et ayant gagné même des esprits très éclairés sous d'autres rapports, il n'est pas permis d'espérer que les salaires se ressentiront d'ici à un grand nombre d'années de l'influence bienfaisante que pourrait exercer sur eux un perfectionnement général des systèmes politiques qui régissent l'Europe.

* En général les ouvriers se montrent très indifférents au progrès, lents et faibles mais continus, qui, opérés dans l'opinion publique, d'abord, s'accomplissent ensuite dans la société en se formulant en lois ou en devenant des coutumes, qui élargissent un peu le cercle des libertés dont la classe ouvrière est appelée à jouir, ou garantissent un peu mieux son droit à la jouissance et à la disposition des produits de son travail.

C'est là, selon nous, un très grand tort, car il est impossible de méconnaître aujourd'hui la puissante influence qu'exerce l'opinion publique sur les actes des gouvernements, même le plus despotiques, et la large part qu'elle prend à l'accomplissement du progrès.

Or, les ouvriers font une partie importante du public, et leur opinion, sagement mûrie par la discussion et manifestée avec calme et dignité, ne peut manquer d'exercer de l'influence sur celle du public en général et par suite, sur le progrès lui-même. Nous croyons devoir attribuer à ces deux causes cette fâcheuse apathie et cette espèce de dédain que montrent les ouvriers pour les progrès sociaux, qui tendent à accroître leur bien-être, d'une manière lente, à peine sensible, mais cependant sûre et durable. C'est d'abord l'esprit de paresse morale ou d'inertie commun à la grande majorité des hommes, qui fait qu'ils s'habituent à ce qui existe et finissent par s'en contenter sans se donner la peine de chercher s'il ne serait pas possible d'être mieux, ni surtout d'essayer la réalisation de ce mieux, que les apathiques qualifient « d'ennemi du bien, » comme si ce « bien » était quelque chose d'absolu, compris entre des limites infranchissables.

Ensuite beaucoup d'ouvriers (surtout parmi ceux qui vont achever leur apprentissage à Paris ou dans d'autres grandes villes de France) s'imaginent, d'après les prédications de certains socialistes, que le bien-être de leur classe ne peut se réaliser qu'à la suite d'une rénovation sociale mettant fin, par une révolution violente à la division de la société en deux classes antagonistes, les propriétaires et les prolétaires, c'est à dire les spoliateurs et les spoliés; à la tyrannie du capital, etc., par l'abolition de la propriété individuelle, par l'organisation harmonique du travail et par d'autres prétendues panacées, tout aussi merveilleuses contre la misère et le paupérisme, qui permettraient désormais à l'ouvrier d'être paresseux, débauché et imprévoyant, si ses penchants le portent à cela, sans que ni lui ni les siens en éprouvent aucune conséquence fâcheuse.

Il est vraiment déplorable que tant d'honnêtes gens, ouvriers ou autres, se soient laissé séduire par ces fallacieuses théories, au point de croire que le bonheur du genre humain tout entier peut être le résultat du coup de baguette magique d'une révolution, détruisant par la violence, le fer et le feu ce que nos pères ont édifié si péniblement, au prix de tant de sacrifices continués pendant des siècles, pour y substituer la formule sociale non encore expérimentée de quelque novateur téméraire, ou plutôt la vieille formule du communisme, renouvelée des Crétois ou des Spartiates, après avoir été volontairement abandonnée par tous ceux qui ont essayé de mettre en pratique quelques-unes de ses nombreuses variantes.

Depuis bien des siècles que dure sa lutte contre l'ignorance et la perversité, ses deux p[illegible] cruels ennemis, l'humanité n'a encore conquis q[illegible]'une part de bien-être bien faible et bien inégalement répartie; et quoiqu'en cela, comme en toute autre chose, le progrès engendre le progrès, il faudra beaucoup d'autres siècles de luttes pacifiques encore avant que l'homme parvienne à substituer assez de lumières et d'honnêteté à son ignorance et à sa perversité natives, pour qu'il puisse aspirer au bien-être universel, si tant est qu'il soit susceptible d'être atteint. Il n'y parviendra qu'en conquérant de l'empire sur ses passions : tout relâchement, tout déchaînement de celles-ci et par conséquent toute violence est un pas en arrière dans la voie de la civilisation, au lieu d'être un pas en avant.

L'empire exercé par l'homme sur ses passions, le savoir qui lui fait dompter les forces de la nature, voilà ce qui le rend réellement puissant et libre. Mais liberté implique responsabilité, et, selon l'usage qu'il fera de cette liberté, il sera récompensé par le bien-être et la dignité, ou puni par la misère et l'abjection. Organiser les choses autrement, ôter à l'homme la responsabilité de ses œuvres, c'est lui ôter la liberté en même temps; et s'il est possible qu'il jouisse alors d'un certain bien-être, ce ne peut être que le bien-être inerte et passif de l'esclave ou de la brute bien repue, dont l'homme raisonnable ne voudrait à aucun prix.

En abolissant la propriété individuelle, soit pour la rendre collective, soit pour la partager par lots égaux, entre tous, et en détruisant le capital, on ruinera bien certainement les riches, mais il est bien plus certain encore qu'on n'enrichira pas les pauvres. On créera l'égalité, mais ce sera en ravalant tout le monde au niveau le plus bas de l'échelle sociale, celui de la misère et du dénûment. Tandis que le progrès lent et pacifique, résultant du développement de la moralité et de l'intelligence chez les masses, tend à l'égalité aussi, mais à l'égalité au niveau le plus élevé de l'échelle sociale, en permettant à tout homme, pourvu qu'il soit probe, actif et intelligent, d'aspirer à devenir capitaliste ou propriétaire à son tour sans commettre ni injustice ni spoliation envers personne.

L'ouvrier est donc intéressé à l'accomplissement de ces progrès pacifiques de la société, dont le résultat sera de l'élever en dignité et en aisance. Mais pour que ces progrès se réalisent, il est indispensable qu'il y ait paix et sécurité, respect du droit de tous; il est donc intéressé non seulement à ne jamais violer ce droit, mais encore à ne pas tolérer qu'il soit violé par autrui.

Or, pour cela, il faut avant tout qu'il cherche à s'instruire de ses droits et aussi de ses devoirs envers la société qui sont les droits d'autrui, et ensuite qu'il soit informé de tout ce qui tend à favoriser le progrès social, comme de tout ce qui tend à l'entraver, afin qu'il puisse contribuer, par sa légitime part d'influence sur l'opinion publique, à aider ce développement ou à s'opposer à ces entraves. C'est à quoi il parviendra fort difficilement s'il demeure isolé, mais on a vu, au chapitre XIV, quelle puissance l'association peut lui donner dans ce cas.

CHAPITRE XVII *

LE SALARIAT

Le salariat est-il la forme la plus juste et la plus convenable qui puisse être donnée à la rémunération du travail de l'ouvrier?

Cette question, posée depuis vingt ans, au moins, a été résolue négativement par toutes les sectes socialistes et par quelques philanthropes n'appartenant à aucune secte, les uns et les autres trouvant que ce mode de rémunération du travail est à la fois contraire à la justice, aux intérêts et même à la dignité de l'ouvrier. Pourquoi, disent-ils, l'ouvrier ne participerait-il pas aux bénéfices des entreprises, à la réussite desquelles il prend une part indispensable? « Puisque, sans son concours, aucune production ne peut avoir lieu, n'a-t-il pas droit à une part proportionnelle du produit? »

Ces raisons sont plus spécieuses que justes, car si l'ouvrier était réellement un associé dans l'entreprise productive à laquelle il concourt par son travail, il devrait être passible des pertes que pourrait faire celle-ci, au même titre qu'il serait participant à ses bénéfices éventuels, et, dans ce cas, il assumerait une responsabilité d'autant plus lourde à porter, qu'il n'est nullement habitué à prévoir des pertes, ni à mettre en réserve la part de bénéfice qui doit les compenser.

Les ouvriers, cependant, n'envisagent pas la question au même point de vue que les philanthropes qui se donnent la mission de défendre leurs intérêts. Quand ils s'engagent à coopérer à une entreprise, ils ne s'informent guère des chances de succès qu'elle présente, encore moins des dividendes qu'elle distribue à ses actionnaires; ils s'enquièrent uniquement de la quantité et de la qualité du travail que l'on exigera d'eux et du prix qu'ils en recevront. L'ouvrier, en effet, n'est rien de plus qu'un producteur de travail, et, comme tel, il doit se borner à vendre ce produit de la manière la plus avantageuse pour lui, et aux conditions les plus simples, c'est à dire, sans le compliquer de chances, plus ou moins aléatoires. L'ouvrier se trouve, à l'égard de l'entreprise à laquelle il coopère par son travail, dans la même position que le capitaliste qui prête ses fonds à cette entreprise. Quelles que soient les chances de celle-ci, qu'elle réalise des bénéfices ou qu'elle subisse des pertes, il retire de son capital prêté le même intérêt, et celui-ci est déterminé, non par les circonstances particulières où se trouve l'entreprise, mais bien par le rapport général de l'offre à la demande des capitaux.

Si le capitaliste arguait de son indispensable coopération à l'entreprise pour exiger une part dans les bénéfices produits par celle-ci, l'entrepreneur n'admettrait cette exigence qu'à la condition que le capitaliste participât également aux chances de perte, au moins jusqu'à concurrence de la valeur du capital prêté.

A cette condition, l'entrepreneur consentirait aussi à ce que le capitaliste, devenu commanditaire, surveillât la gestion de l'entreprise et eût sur cette gestion, le droit de critique et de conseil. Mais si le capitaliste, à son tour, voulait intervenir, d'une manière active, dans celle-ci, l'entrepreneur le rendrait responsable des résultats de l'entreprise à laquelle le commanditaire aurait ainsi pris part comme associé, non plus seulement jusqu'à concurrence du capital versé par lui, mais en y engageant la totalité de ses biens. Et l'on ne peut nier que les exigences de l'entrepreneur ne soient de tous points conformes à l'équité. Or, n'en serait-il pas de même pour l'ouvrier, si celui-ci prétendait avoir droit à une part dans les bénéfices de l'entreprise, et droit aussi à en surveiller la gestion, et même à y prendre une part active? Encore, l'avantage, sinon la justice, est-il ici en faveur du capitaliste, car, d'un côté, son capital, et, d'un autre côté, la totalité de ses biens servent de garantie à son intervention, passive ou active, dans la gestion de l'entreprise, tandis que l'ouvrier ne peut offrir aucune garantie de ce genre, et que, participant aux bénéfices, il ne pourrait prendre sa part des pertes, ce qui ne serait pas juste.

Enfin, la qualité de capitaliste suppose assez généralement l'instruction, l'expérience et le jugement nécessaires pour pouvoir surveiller, critiquer et même conseiller la gestion d'une entreprise, tandis qu'il est rare, au contraire, que l'ouvrier possède ces qualités à un degré suffisant. Et si le capitaliste manque des connaissances spéciales nécessaires pour prendre une part active à la direction des affaires, ce manque ne sera-t-il pas plus grand encore chez l'ouvrier qui ne peut même s'occuper de cette direction sans négliger son travail, et sans cesser par cela même d'être ouvrier?

Il résulte donc du principe de la division du travail (voir le chapitre IX) que l'ouvrier, ne pouvant prendre part à la gestion de l'entreprise pour laquelle il travaille, ni en supporter la responsabilité, ne peut, selon l'équité, participer à ses bénéfices.

Que deviendrait une entreprise, en effet, si l'entrepreneur devait consulter tous ses ouvriers chaque fois qu'il s'agirait d'une affaire de quelque importance, telle qu'une vente de produits, un achat de matières premières, le renouvellement d'une partie de l'outillage, etc.? Pendant que les ouvriers délibéreraient, l'atelier chômerait, et les décisions, qui, pour la bonne marche des affaires, auraient besoin d'être prises rapidement, traîneraient en longueur, dès que les avis seraient partagés par les ouvriers. Sur quoi, d'ailleurs, ceux-ci pourraient-ils fonder cet avis? Sont-ils informés de toutes les circonstances qui doivent déterminer l'entrepreneur à opérer des achats ou des ventes, de toutes les causes qui peuvent influer sur les prix dans le présent et dans l'avenir? Les décisions prises par les ouvriers seront donc, en général, mal motivées, et la direction manquera de l'esprit d'initiative, qui ne peut être l'attribut que d'une pensée unique, et sans lequel aucune affaire ne peut prospérer.

La participation des ouvriers aux bénéfices de l'entreprise à laquelle ils consacrent leur travail, participation qui implique aussi le partage de la gestion des affaires, bien loin d'être pour eux un avantage, serait une cause de ruine et de misère, puisqu'elle entraînerait infailliblement la non-réussite des entreprises auxquelles ils prendraient part, et, par conséquent la perte du capital qui produit la demande de leur travail.

On a prétendu cependant, qu'en s'associant entre eux, les ouvriers pouvaient se soustraire au joug humiliant du patron et se passer de sa coopération dans l'entreprise productive, en se partageant ainsi la part de bénéfice qu'il s'y attribue.

Nous sommes, certes, aussi partisan que quiconque du bien-être et de la dignité des ouvriers; nous leur avons recommandé l'association comme un puissant moyen d'accroître ce bien-être et cette dignité; mais, dans le chapitre que nous avons consacré à cet important sujet (V. Chap. XIV), nous ne leur avons pas présenté l'association comme un moyen de changer le mode d'organisation de l'industrie que l'expérience a consacré comme le meilleur et qui consiste à spécialiser les fonctions du travailleur, du capitaliste et de l'entrepreneur, ce dernier ayant pour tâche de combiner, de diriger et de surveiller les opérations productives exécutées par le premier avec l'aide du second. Nous n'avons pas conseillé ce genre d'association aux ouvriers, parce qu'il est condamné à la fois par la théorie et par des expériences qui ont coûté trop cher à la classe ouvrière pour qu'elles ne lui profitent pas.

La théorie indique, en effet, que tous les ouvriers d'un atelier réunis ne possèdent pas plus que chacun d'eux, pris isolément, les connaissances nombreuses, variées et approfondies, ainsi que l'expérience des affaires et le tact moral, pour ainsi dire, qui constituent le bon entrepreneur d'industrie. De plus, comme nous l'avons dit plus haut, les assemblées délibérantes manquent de la spontanéité d'action et de l'esprit d'initiative nécessaires pour bien diriger les affaires, et enfin, le temps perdu pour les ouvriers en délibérations, même en supposant que celles-ci amènent un résultat utile, coûte toujours plus que celui qu'y consacrerait un gérant unique, puisque tout ce temps est perdu pour le travail de l'atelier, et que les appointements d'un directeur unique, pour un temps donné, valent moins que les salaires réunis de tous les ouvriers qu'il emploie.

En supposant même que l'ordre le plus parfait pût régner sans chef, et dans l'atelier du travail, et dans la salle des délibérations, parmi les ouvriers associés, l'entreprise ne serait donc pas dirigée aussi économiquement que par un seul gérant, et il est permis de douter que les affaires contentieuses de l'entreprise aient plus à gagner que les travaux professionnels à ne pas recevoir une direction unique. Il est même permis de prédire, sans présomption, que le manque de celle-ci serait infailliblement une cause de ruine pour l'entreprise, si toutefois elle parvenait à inspirer assez de confiance aux capitalistes pour en obtenir une coopération sans laquelle il lui serait même impossible de naître.

L'expérience, en ceci, est parfaitement d'accord avec le précepte. Elle a été faite, sur une assez vaste échelle en 1848 et pendant les années suivantes, par des associations d'ouvriers de Paris, appartenant à diverses professions et qui toutes se sont formées dans le but de se soustraire à l'intervention de l'entrepreneur d'industrie, et parfois même du capitaliste dans la production. La plupart de ces tentatives ont échoué quoique, dans plusieurs, les associés aient montré un zèle, un dévouement, une abnégation et une persévérance dignes des plus grands éloges; le très petit nombre de celles qui ont réussi ont dû leur succès à ce qu'elles ont confié la direction des affaires contentieuses et la surveillance du travail à un gérant unique, choisi parmi eux, mais investi de pouvoirs presque aussi étendus que ceux d'un entrepreneur d'industrie, propriétaire d'un capital et commandant à des ouvriers salariés.

Quelques associations ont eu du succès, parce qu'elles se composaient d'un petit nombre d'ouvriers d'élite, se connaissant entre eux avant de se constituer en société et possédant des économies; ces ouvriers, d'ailleurs, dérogeant au principe même de leur association, se servaient, en sous-ordre, d'ouvriers salariés, désignés sous le nom de coopérateurs.

L'histoire de ces diverses tentatives d'association industrielle entre ouvriers, des vicissitudes qu'elles ont subies, des causes de la ruine du plus grand nombre et de la réussite de quelques-unes, a été admirablement résumée par M. Frédéric Passy, dans ses *Leçons d'économie politique,* faites à Montpellier en 1860-1861, XIIIe leçon, pages 234 et suivantes de l'édition de Montpellier. Le savant professeur y cite même les nombreux documents dans lesquels il a puisé ses renseignements; nous renvoyons à son livre les lecteurs qui désirent de plus amples informations sur cet intéressant sujet.

Le salaire étant admis comme la meilleure forme à donner à la rémunération du travail, il reste à examiner comment il doit être évalué pour que cette rémunération soit à la fois juste et conforme aux véritables intérêts du travailleur.

Ces deux conditions ne nous semblent pas réunies, au degré désirable, quand le salaire a pour limite de mesure la journée de travail de l'ouvrier. D'abord, il y a des journées de différentes longueurs, suivant les saisons; ces longueurs se compensent, à la vérité, pour l'ouvrier occupé, de la même manière et chez le même patron pendant toute l'année, mais elle est préjudiciable, tantôt au maître, tantôt à l'ouvrier, quand le travail de celui-ci n'a lieu que pendant une saison.

La journée ne se divise pas, non plus, en quarts égaux, et, le fût-elle, le travail accompli pendant chacun de ces quarts ne serait pas égal, car l'activité de l'ouvrier est loin de se soutenir au même niveau pendant toute la journée, surtout quand celle-ci est longue. Le salaire calculé par heure de travail, ainsi qu'il l'est dans certains ateliers, donne donc, en général, une mesure plus exacte du temps employé. — Mais il y a, dans cette supposition même que le temps est la mesure des efforts accomplis par le travailleur, tant de causes d'inexactitude, préjudiciables à la fois à l'acheteur et au vendeur du travail, qu'il faut renoncer à ce genre de mesure, toutes les fois que l'on peut en appliquer une autre, plus équitable, et qui se trouve dans la tâche accomplie elle-même.

Voici, quels sont, pour le patron, les inconvénients du salaire évalué à la journée.

L'ouvrier n'étant pas intéressé à travailler vite, bien, ni assidûment, puisqu'il n'en sera pas récompensé par un gain proportionné à ses efforts, se laisse aller à la paresse et à la négligence, et le patron perd toute la différence entre le produit d'un travail actif et soutenu et celui d'un travail accompli avec lenteur et négligence. Si plusieurs ouvriers travaillent ensemble dans le même atelier, ou sur le même chantier, la tâche de tous se réglera nécessairement sur celle du plus faible, du plus indolent et du moins capable, car pourquoi les autres feraient-ils plus ou mieux, si le salaire doit être le même pour tous? C'est donc un sentiment de justice, mal appliqué peut-être, mais non blâmable en soi, qui portera tous ces hommes à ne fournir qu'un minimum de travail au maître, à son grand détriment, à moins que celui-ci ne cherche à rétablir l'équité dans les rémunérations, par des encouragements et des gratifications, accordées aux plus diligents.

Dans le travail à la journée, le patron est obligé d'exercer ou de faire exercer une continuelle surveillance sur ses ouvriers, et les frais de celle-ci doivent compter comme un accroissement de salaire payé par le maître et qui est une perte sèche pour lui, sans être un profit pour l'ouvrier. Enfin, la lenteur avec laquelle le travail s'accomplit, équivaut à une perte de temps semblable à celle qu'occasionnerait un chômage, et qui se résume en la perte de l'intérêt et de l'amortissement du capital de l'entreprise pendant ce temps.

Pour les ouvriers, la perte occasionnée par l'évaluation du salaire à la journée, consiste dans l'inactivité et la non-rémunération de toutes celles de leurs facultés qui dépassent le minimum servant d'étalon de la quantité de travail qui sera donnée en retour du salaire fixé. C'est là, non seulement une perte matérielle pour l'ouvrier, mais aussi une cause d'affaissement moral. C'est encore une perte pour la société entière, semblable à celle qui résulterait d'une immense étendue de terre fertile demeurée en friche, puisque les qualités physiques, intellectuelles et morales des ouvriers, demeurées sans usage, peuvent être considérées comme de l'utilité gratuite non employée, ce qu'elle a d'onéreux ou ses frais de production, étant déjà payé par le salaire reçu pour le minimum de travail dont les ouvriers sont susceptibles. — Or, nous devons le répéter encore une fois, toute perte causée à la société retombe sur l'ouvrier comme sur ses autres membres.

Si les ouvriers français avaient compris cette vérité en 1848, ils n'eussent pas arraché à la faiblesse du pouvoir d'alors, le triste arrêté qui interdisait le travail à la tâche, arrêté qui devait seulement satisfaire l'envie haineuse des mauvais ouvriers contre leurs camarades plus actifs et plus intelligents, sans leur procurer aucun avantage réel, et qui fut bientôt abrogé ou qui tomba en désuétude parce que les ouvriers eux-mêmes se hâtèrent de le transgresser.

Le salaire évalué à la tâche, c'est à dire à la quantité et à la qualité de travail effectué, est celui qui concilie le mieux l'intérêt de l'ouvrier avec celui du patron et avec l'intérêt général; c'est aussi le mode de rémunération le plus conforme à l'équité. Le travailleur payé à la tâche est intéressé à accomplir le plus d'efforts dans le moindre temps possible et à rendre ces efforts plus fructueux en perfectionnant les instruments et les procédés dont il se sert. Son activité n'est donc pas seulement celle du corps, il y joint aussi celle de l'esprit, et la nécessité où il se trouve de débattre de nouveau le prix de sa tâche, chaque fois que celle-ci vient à changer, développe aussi chez lui le raisonnement et la conscience de son intérêt. Enfin, la possibilité d'améliorer son sort par un travail assidu et une conduite régulière tend aussi au développement de ses facultés morales.

L'avantage pour le patron n'est pas moins évident. La concurrence que se font les ouvriers ne tarde pas à le faire profiter d'une partie de l'économie réalisée par eux au moyen d'une meilleure organisation de leur travail ; le temps gagné par les ouvriers l'est par le capital de l'entreprise, enfin, la surveillance se réduit à la vérification de la quantité et au contrôle sur la qualité du travail, ce qui est bien moins onéreux. Toutefois, le patron doit veiller aussi à ce que ses ouvriers consacrent une portion suffisante de leur salaire à se bien nourrir, car un travail plus énergique et plus soutenu exige, pour pouvoir être continué, que les forces de celui qui s'y livre soient réparées par une nourriture et un repos suffisants.

Il arrive souvent, surtout dans nos houillères, qu'un ouvrier entreprend une tâche compliquée et d'une certaine étendue et qu'il s'associe, pour l'exécuter, avec quelques camarades entre lesquels le travail se divise selon les aptitudes de chacun, le prix obtenu se partageant aussi suivant un rapport déterminé à l'avance.

Quand la majorité des ouvriers ainsi associés se compose d'hommes d'élite, le travail avance rapidement, car les autres sont stimulés à ne pas rester en arrière, par une surveillance mutuelle et intéressée, qui engendre mieux que tout autre des habitudes de célérité et qui développe l'adresse. En même temps, ce genre d'ouvriers s'entend, beaucoup mieux que les autres, à débattre ses intérêts ; par l'habitude qu'il acquiert de raisonner les marchés qu'il fait et d'en calculer les conséquences qui peuvent se résoudre en une perte pour lui, s'il n'a pas tout prévu.

Or, cette intelligence de ses intérêts, cette habitude de les débattre avec le patron, sont désirables chez tous les ouvriers, car les mécomptes qu'ils éprouvent, et par suite desquels le salaire devient insuffisant, leur nuisent beaucoup sans profiter réellement à personne.

En somme donc, le salaire estimé à la tâche présente de tels avantages sur celui qui est évalué à la journée, qu'il est à désirer qu'il devienne la règle chaque fois qu'il est applicable, même quand la tâche semble forcément ramenée à un temps limité, par quelque circonstance indépendante de la volonté de l'ouvrier, tél que le mouvement uniforme d'une machine, par exemple. L'expérience apprend, en effet, que le métier à filer, à tisser, le tour, etc., mus par une machine, donnent des quantités de produits très différentes, selon que l'ouvrier est payé à la journée ou à la tâche, et même dans ce dernier cas, selon la valeur personnelle de cet ouvrier. Loin donc de maintenir le salaire à la journée, comme cela se fait encore si généralement, les patrons seraient intéressés, dans la plupart des cas, à ajouter au salaire de leurs ouvriers, une prime pour le temps qu'ils parviennent à épargner dans l'accomplissement de leur tâche *.

CHAPITRE XVIII

CONCLUSION

Si nous avons réussi à exposer nos idées, il doit résulter clairement de ce qui précède que le bien-être de la société est intimement lié à celui de la classe ouvrière. Ce n'est donc pas seulement par philanthropie que les hommes éclairés doivent combiner leurs efforts pour éloigner la misère du travailleur et pour relever sa dignité, mais bien par nécessité et dans l'intérêt de la société entière. Nous avons essayé de démontrer, et nous croyons y avoir réussi, que le travail utile s'obtient à un prix d'autant plus bas que l'ouvrier a mis à l'accomplir une plus forte proportion d'efforts moraux et intellectuels, ce qu'il ne peut faire que pour autant qu'un salaire élevé lui permette de développer les facultés à l'aide desquelles il accomplit ces efforts. Le salaire élevé, à part les exceptions que nous avons indiquées, correspond donc à du travail à bas prix ou à une plus grande somme de satisfactions réalisées dans la société, en échange d'une même somme d'efforts. Il résulte de là que la société entière est intéressée au bien-être de l'ouvrier, et que cet antagonisme que l'on suppose exister entre les intérêts des classes laborieuses et ceux des classes qui possèdent les instruments du travail, n'est qu'un détestable préjugé dont les conséquences sont misère et souffrance pour le plus grand nombre, diminution du bien-être général et dangers pour la société, résultant d'une lutte permanente entre les deux éléments de la production qui croient avoir intérêt à s'amoindrir ou à se paralyser au moins partiellement. Le bien-être général, en effet, ne peut résulter que de leur bonne harmonie et de la combinaison de leurs efforts, non pour se nuire, mais pour s'entr'aider.

La société sera appelée à jouir d'une dose de bien-être inconnue et presque inespérée jusqu'ici, le jour où les ouvriers comprendront qu'il est de leur intérêt que les capitaux se multiplient, puisque l'accroissement du capital implique l'augmentation de la demande du travail; le jour où ils comprendront qu'au lieu de jurer haine au capital, ils doivent aider fraternellement le propriétaire à l'acquérir ou à l'accroître, dussent-ils ne jamais le posséder eux-mêmes; le jour où les capitalistes et les patrons comprendront que leur intérêt est attaché à la multiplication des sources du travail et que les ouvriers ne peuvent devenir nombreux, honnêtes, intelligents et forts, que quand ils sont bien payés.

Augmenter le bien-être, la moralité et l'intelligence chez les ouvriers, tel doit donc être l'objet de la constante sollicitude des patrons dans leur propre intérêt. Les principaux moyens d'y parvenir sont ceux que nous avons indiqués dans le courant de ce travail et qui peuvent se résumer ainsi :

Faciliter à l'ouvrier l'acquisition de bonnes habitudes morales et le développement intellectuel par l'instruction, en mettant à sa portée les connaissances utiles et en perfectionnant l'éducation des hommes et des femmes adultes, afin qu'à leur tour ils puissent coopérer efficacement à celle de leurs enfants;

Faire en sorte que l'ouvrier puisse toujours se procurer au plus bas prix possible toutes les choses nécessaires à la satisfaction de ses besoins, en veillant à ce que nulle entrave ne soit opposée à l'échange de travail contre travail ou de marchandise contre marchandise;

Laisser se développer librement le génie des inventions, la création de machines nouvelles et de procédés nouveaux, afin que, sans diminuer le travail et sa rémunération, une plus grande somme d'utilité gratuite et par conséquent de bien-être soit mise à la disposition du genre humain;

Faciliter la division du travail en veillant toutefois à ce qu'elle ne puisse pas nuire à l'hygiène de la classe ouvrière, afin de tirer un meilleur parti des facultés humaines et de développer l'échange par lequel les dons naturels se distribuent plus abondamment et plus également entre tous;

Substituer graduellement les causes qui tendent à prévenir la misère, telles que l'enseignement, l'association, l'assurance et la possibilité d'acquérir la propriété, aux causes qui tendent à l'engendrer ou à la perpétuer, telles que l'ignorance, l'inconduite, la charité publique et la charité privée mal entendues;

Enfin, organiser les institutions politiques de telle manière qu'elles offrent aux citoyens le plus de sécurité possible au moindre prix.

L'égoïsme aveugle et sordide, la vieille routine, crient au patron :

« Maintiens l'ouvrier dans l'ignorance et dans la misère, réjouis-toi de son imprévoyance, de son inconduite, de ses vices et de ses malheurs, c'est ainsi que tu le tiendras sous ta dépendance et que tu auras le travail à bon marché. »

D'un autre côté, le socialisme, réveillant les mauvaises passions de l'ouvrier, lui crie :

« Haine au patron qui se dit ton maître, qui t'opprime et absorbe tout le produit de ton labeur; haine au capital qui te tyrannise, haine aux machines qui t'enlèvent ton travail, haine à la propriété qui rend le riche chaque jour plus riche, le pauvre chaque jour plus pauvre; trahis le patron, ruine le capital, brise les machines, brûle les ateliers du travail divisé, pille, saccage les propriétés, et tu seras libre! »

Notre conclusion, entièrement conforme à la morale, logiquement déduite des principes de la science, telle qu'elle est aujourd'hui admise par tous les économistes, notre conclusion dit au patron :

« Aime tes ouvriers, éloigne d'eux avec soin les causes de la misère, veille sur leur éducation, développe en eux la moralité et la dignité, par le précepte, l'exemple, et ton bien-être sera la conséquence du leur, car le salaire élevé, c'est le travail à bon marché. »

Notre conclusion dit à l'ouvrier :

« Aime ton patron, car ses intérêts bien entendus s'accordent avec les tiens; aide-le à accroître et à conserver le capital, instrument de bien-être et de liberté, source du salaire; réjouis-toi de la propagation des machines, qui t'affranchissent des travaux les plus rudes, car elles profitent même à ceux qui n'en ont pas. »

Enfin, notre conclusion dit à tous :

« Aimez-vous, aidez-vous les uns les autres, car, patrons et ouvriers, vous êtes tous frères, tous membres solidaires de la grande famille sociale. »

APPENDICE (1)

DE L'INFLUENCE FUTURE DES MACHINES A COUDRE SUR LE SORT DE L'OUVRIÈRE

Ouvrière!... Ouvrière, c'est à dire enfermée dans un atelier, du matin au soir, immobile sur une chaise, courbée sur son travail, ne mouvant que la main qui tient l'aiguille ou le fuseau, sans que rien éveille son intelligence ou émeuve son cœur!

Est-ce donc là le lot auquel la Providence a voué la femme? Est-ce pour cela, et pour cela seulement qu'elle a été créée, que Dieu l'a pourvue d'une intelligence si subtile et si prompte, d'une sensibilité si exquise? Évidemment non; il n'est donc pas dans la destinée de la femme d'être ouvrière, et un jour viendra où l'on s'étonnera de ce que l'homme ait pu ravaler sa compagne si bas.

Ainsi parlent le cœur et la conscience, quand ni l'un ni

(1) La publication de ce livre ayant été retardée pendant plusieurs mois par des circonstances indépendantes de notre volonté, nous avons cru devoir en profiter pour ajouter sous forme d'appendice quelques développements aux chapitres IV et VIII concernant le travail des femmes et les machines.

l'autre n'ont été faussés et paralysés par une éducation vicieuse ou par la vue constante du mal, sans soulagement pour qui le subit, sans châtiment pour qui le cause.

Cependant, ce qui est juste est-il toujours possible et la société ne se trouve-t-elle pas, dans la triste obligation de faire passer le nécessaire ou l'utile avant le juste?

Non; ce qui est injuste n'est jamais utile et encore moins nécessaire; l'utile seul est juste. Examinons donc si, pour la première fois, la science de l'utile, qui est l'économie politique, serait en désaccord avec la science du juste ou la morale.

L'économie politique nous enseigne que le travail est l'application de nos facultés à la satisfaction de nos besoins (1). Ces facultés sont morales, intellectuelles et matérielles ou physiques. Ces dernières sont très faibles relativement aux besoins illimités de l'homme et ne suffisent pas, par conséquent, à les satisfaire, sans le concours de ses facultés intellectuelles infiniment plus puissantes, puisqu'elles lui soumettent les inépuisables forces de la nature, et sans l'aide de ses facultés morales, qui, telles que l'énergie, la persévérance, la prévoyance, le respect des droits d'autrui, servent de rectrices à ses autres facultés.

Éclaircissons ceci par des exemples : quels sont les résultats du travail, purement matériel, d'un fellah d'Égypte, creusant le canal Mahmoudié avec ses ongles, et transportant la terre qu'il a ainsi excavée, dans une corbeille qu'il porte sur la tête, à quelques centaines de pas de là; quels sont les résultats de ce travail inintelligent, disons-nous, à côté de ceux qu'obtient l'ouvrier d'Europe, armé

(1) Bastiat, *Harmonies économiques.*

d'une pioche, d'une pelle et d'une brouette ou d'un waggon, fruits de l'intelligence humaine?

Qu'est-ce que le travail du copiste d'autrefois, à qui il fallait des mois pour transcrire un seul livre, comparé à celui de l'imprimeur d'aujourd'hui, qui, à l'aide des caractères mobiles et de la presse, fruits de son intelligence, reproduit des milliers de volumes dans le même temps? Que vaut, enfin, le travail de l'homme paresseux et imprévoyant, qui entreprend une tâche au dessus de ses forces, pour l'abandonner bientôt à la moindre fatigue, ou pour la laisser inachevée au premier obstacle qui le rebute, — à côté du travail de l'homme prévoyant et courageux, qui mesure la tâche à sa force avant de l'entreprendre, mais qui ne l'abandonne pas avant de l'avoir terminée, et surmonte les obstacles qu'il rencontre, à force de patience et d'énergie.

Enfin, quel est l'effet utile du travail de l'homme qui, fondant la satisfaction de ses besoins sur la spoliation du bien d'autrui, contraint la société à consacrer, à la défense de ce bien, une portion du travail qu'elle eût pu employer à l'accroître, ou qui l'oblige à priver le spoliateur de la force et de la liberté dont il fait un si mauvais usage?

Les réponses qu'obtiendront ces diverses questions suffiront à démontrer l'immense supériorité du travail intellectuel et moral sur le travail matériel, supériorité qui explique aussi comment l'homme s'élève si haut au dessus de la brute. Ces réponses montrent aussi que cette supériorité résulte surtout de l'emploi des machines et de procédés perfectionnés, à l'aide desquels l'homme contraint les forces de la nature à coopérer à la satisfaction de ses besoins.

L'usage le plus fructueux que l'homme puisse faire de

ses facultés intellectuelles consiste dans l'invention et le perfectionnement des machines, des instruments et des procédés qui l'aident à s'emparer des forces de la nature, telles que la chaleur, l'électricité, la pesanteur, etc., pour les faire concourir, avec ses propres forces, à la satisfaction désormais illimitée de ses besoins.

Les résultats de ce concours sont pour lui un accroissement presque indéfini de dignité, de liberté et de bien-être, puisqu'il est par là délivré des travaux les plus rudes et les plus dégradants, sans que le résultat en soit amoindri (voir le chapitre VIII).

Appliquons maintenant à la condition des femmes les principes généraux d'économie politique résumés ci-dessus.

La femme qui travaille à coudre, à filer ou à faire de la dentelle en maniant de ses doigts un instrument élémentaire tel que l'aiguille, le rouet ou les fuseaux, n'est-elle pas, de tous points, comparable au fellah creusant le sol de l'Égypte de ses ongles et portant la terre sur sa tête, ou bien encore au copiste passant sa vie entière à copier des livres qu'un imprimeur fait aujourd'hui en quelques jours?

N'est-il pas évident que la force productive de la femme croîtrait, dans un rapport semblable à celui qui existe entre le copiste et l'imprimeur, si, au lieu de l'aiguille, elle était armée d'une machine à coudre?

L'homme, qui n'a d'autre instrument que ses ongles ou la plume servile du copiste, qu'aucune idée n'anime, n'est qu'un esclave ou un serf dont l'existence dépend d'un maître; il devient maître à son tour, et commande au moins aux éléments, lorsqu'il guide une locomotive ou une machine à imprimer.

De même, la femme qui n'a pour instrument que ses

doigts ou une aiguille, faiblement guidée par son intelligence, n'est qu'une esclave ou une serve, dépendante d'autrui pour un minimum de subsistance, et il serait à désirer pour elle comme pour l'humanité qu'elle pût, à son tour, s'élever en indépendance et en dignité, en commandant à quelque puissante machine, qui l'affranchît du travail matériel et servile, pour lui donner libre accès au domaine de l'intelligence et des facultés morales.

Mais où trouver ce domaine? dira-t-on; les femmes ne sont-elles pas exclues de presque toutes les professions où elles pourraient déployer leur intelligence et leurs facultés morales?

Cette exclusion est réelle, mais il n'est pas nécessaire d'aller bien loin leur chercher un emploi dans lequel leurs meilleures facultés seront le plus utilement employées, car il est tout trouvé : c'est le ménage, l'intérieur (*home* des Anglais, *das heim* des Allemands), le foyer domestique.

C'est là, et là seulement, que, comme épouse, comme mère et comme directrice d'un ménage, elle pourra déployer toute son intelligence et se montrer au moins l'égale de l'homme; c'est là surtout qu'elle pourra développer et mettre en œuvre les qualités du cœur, dont la Providence, dans son infinie sagesse, l'a mieux douée que l'homme, parce que, plus que lui, elle a besoin d'en faire usage.

Au point de vue purement matériel, comment la femme travaillera-t-elle de la manière la plus utile, la plus réellement fructueuse? Est-ce en s'occupant dans un atelier d'un labeur auquel son intelligence ne prendra qu'une part infime, ou en s'adonnant aux soins du ménage, c'est à dire au bon aménagement, à la dépense économique et bien entendue du salaire de son mari? Ce soin exige une grande activité d'intelligence, et son résultat est un accroissement de jouissances pour toute la famille, à dépense égale, ce qui équivaut à une même jouissance obtenue par une moindre dépense ou une économie sur le salaire du mari, économie qui sera au moins égale à ce que la femme eût gagné dans l'atelier, puisqu'elle n'y effectue qu'un travail presque exclusivement matériel qui est le moins productif de tous.

Même au seul point de vue matériel, si peu important, il y a donc avantage ou tout au moins compensation à ce que la femme mariée et mère de famille demeure chez elle à veiller aux soins de son ménage plutôt que d'aller travailler à l'atelier.

Cet avantage est bien plus positif et plus considérable encore au point de vue moral et intellectuel, car dans quel genre de travail d'atelier la femme pourrait-elle déployer les trésors de tendresse et d'affection, les ressources infinies de l'esprit qu'elle dépense à rendre le foyer intime agréable à son mari, afin de le retenir d'aller au cabaret, où il gaspillerait sa dignité, sa santé, son temps, son argent et le bien-être même de sa famille?

Dans quel travail d'atelier la mère pourrait-elle gagner l'équivalent de ce qu'elle crée d'utilité pour les siens et pour le genre humain entier par cet amour profond et cette intelligence, en quelque sorte intuitive, dont elle seule est capable, et que rien, rien au monde ne peut remplacer, avec lesquelles cette mère veille à la première éducation morale, intellectuelle et physique de ses enfants, au plus saint comme au plus important de ses devoirs, celui pour l'accomplissement duquel Dieu l'a créée et dont nul intérêt, si puissant qu'il soit, ne peut la détourner sans qu'il en résulte des maux incalculables pour l'humanité?

Qu'est-ce, en un mot, que la somme d'argent qu'une femme peut gagner dans un atelier, fût-elle considérable, en regard de la force morale, intellectuelle et physique donnée à toute une lignée d'enfants?

Qui nous contredira enfin, quand nous affirmons qu'il est à désirer, au point de vue moral, comme dans l'intérêt économique, pour la dignité du genre humain comme pour sa liberté et son bien-être, que la femme soit renvoyée de l'atelier dans son ménage, sa place naturelle, par les machines à coudre ou, en général, par la substitution de quelque agent mécanique à son travail matériel. Il s'ensuivrait, ici comme partout et toujours, la suppression de ces pénibles et dégradants efforts sans en anéantir les résultats?

Il ne faut pas méconnaître, cependant, qu'un brusque avènement d'agents mécaniques, destinés à remplacer le travail manuel des ouvrières, causerait une crise désastreuse parmi elles, car elles ne sont nullement préparées à la transformation ayant pour effet de les rendre aptes à un travail moral et intellectuel auquel les machines ne puissent jamais faire concurrence. Cette crise serait désastreuse, disons-nous, car, bien que le résultat final de la substitution des agents mécaniques au travail humain soit un abaissement considérable du prix des produits, qui équivaut à une augmentation du revenu des consommateurs et par conséquent à une plus forte demande du travail (voir le chapitre VIII), il n'est nullement certain, d'une part, que cette demande s'adressera précisément aux ouvrières renvoyées des ateliers par les machines, et d'autre part, ces ouvrières, ne recevant plus aucun salaire, ne pourraient pas profiter du bas prix des objets fabriqués à l'aide de ces agents mécaniques.

L'expérience démontre que les machines ne se propagent que lentement, mais la crise qu'elles engendreraient dans ce cas, pour être moins sensible, ne serait encore que trop réelle et trop douloureuse. Comme cette propagation des machines est cependant un fait inévitable auquel nulle coercition ne pourrait s'opposer sans une flagrante injustice, comme cette propagation des machines est d'ailleurs vivement à désirer au point de vue de l'intérêt général, il faut donc absolument, et sous peine de grandes calamités, que la société fasse ce dont elle s'est fort peu occupée jusqu'ici, c'est à dire qu'elle travaille activement à la régénération morale et intellectuelle de la femme ouvrière.

Aucun progrès réel ne pourra s'accomplir dans la société sans que cette condition ait été préalablement remplie. Les tentatives, demeurées infructueuses, d'extirper le paupérisme, de faire renoncer les ouvriers à des habitudes d'ivrognerie, de débauche, de malpropreté et d'imprévoyance, n'ont toujours échoué que parce que, avant de chercher à améliorer le moral des hommes, il fallait relever la dignité et cultiver les facultés morales des femmes, ce qui a toujours été négligé.

Cette nécessité de commencer la réforme de la classe ouvrière, — afin de mettre la civilisation en harmonie avec celle du reste de la société, — par l'éducation morale et intellectuelle du sexe féminin, résulte de deux causes principales : la première, c'est l'ascendant qu'exerce toujours la femme vertueuse et intelligente sur l'homme le plus corrompu et le plus abruti ; la seconde, c'est que le caractère et la conduite d'un homme, pendant sa vie entière, dépendent du soin avec lequel sa mère aura développé son cœur et son esprit.

Que les vrais philanthropes, à quelque croyance, à quelque parti ou à quelque secte qu'ils appartiennent, au lieu de gaspiller leurs efforts en vue du bien-être de l'humanité en des tentatives toujours inefficaces, parce qu'elles sont incomplètes, que tous les philanthropes, disons-nous, s'unissent dans un but commun, le plus digne de leur sollicitude : L'ÉMANCIPATION MORALE ET INTELLECTUELLE DE LA FEMME (1).

(1) Nous ne cessons de le répéter : la société réagirait avec une indomptable énergie, contre tout obstacle, naturel ou artificiel qui s'opposerait à la mise en culture de quelques milliers de lieues carrées d'un terrain fertile et facilement accessible, ou contre une loi inique qui interdirait l'emploi d'un procédé propre à doubler la productivité du sol sans augmenter les frais de sa culture. Cette résistance énergique serait fondée sur le dommage matériel que la perte de ces avantages causerait à la société. Et cependant celle-ci ne réagit que d'une manière tout à fait insignifiante contre le dommage matériel et moral, mille fois supérieur, que lui cause la non-culture morale et intellectuelle d'une portion considérable du genre humain et spécialement des femmes. On ne considère pas, en effet, que toute faculté morale ou intellectuelle qui demeure sans développement ou sans emploi équivaut à une immense étendue de terre fertile qui demeurerait en friche ou dont les fruits spontanés seuls seraient recueillis.

BIBLIOGRAPHIE DU SALAIRE

Il n'est pas une des idées émises par nous, dans ce livre, qui ne soit fondée sur une vérité économique susceptible d'une démonstration rigoureuse. Nous avons esquissé plutôt que complété les démonstrations, chaque fois que cela nous a été possible, sans compliquer démésurément le développement de notre pensée; nous aurions pu suppléer à l'absence ou à la brièveté de certaines démonstrations par des notes et des citations tirées de divers auteurs, mais cela aurait donné à ce livre des dimensions incommodes et de nature à rebuter la classe des lecteurs, très occupés de leurs affaires, auxquels nous nous adressons de préférence. Nous engageons donc ces lecteurs à consulter les ouvrages que nous citons ci-après, s'ils désirent étudier plus à fond les questions économiques qui ont été effleurées dans ce travail. Cette note bibliographique est loin d'être complète, et le manque de données suffisantes nous a sans doute fait omettre plus d'un nom d'auteur, ou indiquer d'une manière inexacte plus d'un ouvrage.

OUVRAGES PUBLIÉS PAR DES AUTEURS BELGES

BRASSEUR, professeur à l'Université de Gand. *Manuel d'économie politique*, Bruxelles, A. Lacroix, Verboeckhoven et Ce. 2 vol. in-8°, 1861-1862.

DE BROUCKERE (Ch.). *Principes d'économie politique*. Bruxelles, 1 vol. in-12.

DE BROUWER (d'Ostende). *Économie industrielle*.

DE COQUIEL. *De l'enseignement industriel et de la durée du travail en Angleterre*. Bruxelles, Decq, 1853, in-8°.

DE MOLINARI (G.). *Cours d'économie politique*, professé au Musée royal de l'industrie de Bruxelles. A. Decq, 1 vol. in-8°, 1854 (la suite en publication).

— *Conversations particulières sur le commerce des grains*. Bruxelles, Decq, 1 vol. in-12, 1855.

— *Questions d'économie politique et de droit public*. Brux., A. Lacroix, Verboeckhoven et Ce, 1861, 2 vol. in-8°.

DE ROYER, professeur à l'Athénée royal de Hasselt. *L'économie à l'usage de tout le monde*. Brux., Fr. Van Meenen et Ce, 1 vol. in-12, 1861.

DUCPÉTIAUX. *Budget économique des classes ouvrières en Belgique*. Bruxelles, Hayez, 1855, 1 vol. in-4°.

OLIVIER (le docteur). *L'économie politique ramenée aux principes du christianisme*. Tournay, 1 vol. in-32.

QUETELET. *Du système social et des lois qui le régissent*. 1 vol. in-8°.

PÉRIN (Ch.), professeur à l'Université de Louvain. *De la richesse dans les sociétés chrétiennes*. Paris, Guillaumin, 1862, 2 vol. in-8°.

OUVRAGES RÉCENTS PUBLIÉS PAR DES AUTEURS FRANÇAIS

BASTIAT. *Œuvres complètes*, comprenant les harmonies économiques. Paris, Guillaumin, 6 vol. grand in-18.

BAUDRILLAT. *Manuel d'économie politique*. Paris, Guillaumin, 1 vol. grand in-18.

CLÉMENT (Ambroise). *Recherches sur les causes de l'indigence*, 1 vol. in-8°.

CHERBULLIEZ, professeur à Zurich. *Traité d'économie politique et de ses principales applications*. Paris, Guillaumin, 1862.

CHEVALIER (Michel). *Cours d'économie politique*, professé au Collége de France. Paris.

DUNOYER (Ch.). *De la liberté du travail*. Paris, 3 vol. in-8°.

GARNIER (Joseph), professeur à l'École impériale des ponts et chaussées. *Éléments de l'économie politique*, 4e édition. Paris, 1 vol. grand in-18.

— *Du principe de la popularité*. Paris, Guillaumin et Ce, 1 vol. gr. in-18.

MODESTE. *De la cherté des grains*. Paris, Guillaumin, 1 vol. gr. in-18, 3e édition.

— *Du paupérisme*, id.

PASSY (Frédéric). *De l'enseignement obligatoire*. Paris, Guillaumin et Ce, 1859, 1 vol. grand in-18.

— *Leçons d'économie politique*, professées à Montpellier. Paris, Guillaumin et Ce, 1862, 2 vol. in-8°, 2e édition.

TABLE DES MATIÈRES

www.ingramcontent.com/pod-product-compliance
Ingram Content Group UK Ltd.
Pitfield, Milton Keynes, MK11 3LW, UK
UKHW020315230726
13925UKWH00002B/426

9 782013 600422